テキスト
法人税法入門

田中 敏行 編著

【執筆者】
秋山 高善　　菅野　隆
鈴木　修　　長島　弘

成文堂

まえがき

　租税は国家の財政需要を満たす最も基本的な手段で、法人税は、わが国の税収において所得税、消費税と同様に租税の中核となっている。

　税法の難しさについて、朝日新聞の昔の天声人語で「一読して難解、再読して誤解、三読して遂に解する能わず」という文言で評され、租税法の関連文献等でよく引用されている。確かに大学において租税法を履修する学生は比較的多く、関心は高いように思えるが、その難しさについて考えてみると、本書の法人税法を学ぼうとする学生や、基礎的な法人税法の知識を必要とする企業の経理・財務担当者等にとって法人税法の知識をどのように習得し理解を深めたらよいのか、その学習方法が分からないことにあるように思える。それはどうしてだろうか。法人税は法人税法という法律と、それを施行する政令や省令があり、それらは社会経済情勢の変化に様々な政策目的を達成するために広範かつ精緻な内容を有し、また多くの通達があり、法人税法の条文の理解や解釈も難解であり、更に毎年の税制改正で内容が変わることが多く、それらが法人税法を難しくし、また複雑にしているからとも言えよう。

　本書はこれから法人税法を学ぼうとする学生や法人税法の基礎力を身につけたい企業の経理・財務担当者の方々のための法人税法の入門書であり、法人税法の基本的な事項を中心に制度と理論の両面からできるだけ分かりやすい解説を心がけ、章ごとの確認練習問題で理解を深めるよう、またコラムで該当章の関連事項や重要判例等を紹介することにしている。本書はあくまでも法人税法の入門書であり、更に学習意欲のある方は巻末の参考文献や、判例を読むことをお勧めしたい。

　本書の執筆は、編者と租税法の学界で中堅として活躍されている秋山高善先生、菅野隆先生、鈴木修先生、長島弘先生と分担して行い、全体の調整は編者が行っている。

最後に本書の上梓にあたり当初からご協力や適切なアドバイスをいただきました成文堂編集部の飯村晃弘氏、松田智香子氏に謝意を表す。

　平成29年4月1日

世田谷の研究室にて

田 中 敏 行

目　次

「テキスト法人税法入門」まえがき　*i*
凡　例　*vi*

第1章　法人税の概要 …………………………………………… *1*

1｜法人税の意義 ……………………………………………………… *1*
2｜法人税の性格と歴史 ……………………………………………… *2*
3｜納税義務者 ………………………………………………………… *4*
4｜法人税の種類と課税所得の範囲 ………………………………… *6*
5｜事業年度 …………………………………………………………… *7*
6｜納税地 ……………………………………………………………… *8*
7｜確定申告制度 ……………………………………………………… *9*

第2章　課税所得計算の基礎 ………………………………… *11*

1｜課税所得 …………………………………………………………… *11*
2｜一般に公正妥当と認められる会計処理の基準 ……………… *12*
3｜益金の額 …………………………………………………………… *13*
4｜損金の額 …………………………………………………………… *15*
5｜資本等取引 ………………………………………………………… *17*

第3章　益金の額の計算 ……………………………………… *19*

1｜一般販売収益 ……………………………………………………… *19*
2｜特殊販売収益 ……………………………………………………… *22*
3｜有価証券の譲渡損益と期末評価 ………………………………… *31*
4｜固定資産の譲渡収益 ……………………………………………… *36*
5｜受取配当等の益金不算入 ………………………………………… *37*

| 6 | 資産の評価益 ··· 46
| 7 | 受贈益・債務免除益 ··· 47
| 8 | 還付金等の益金不算入 ··· 48

第4章　損金の額の計算 ·· 51

| 1 | 棚卸資産 ·· 51
| 2 | 減価償却資産 ·· 58
| 3 | 繰延資産 ·· 64
| 4 | 役員等の給与 ·· 66
| 5 | 交際費等 ·· 71
| 6 | 寄附金 ··· 74
| 7 | 租税公課 ·· 76
| 8 | 資産の評価損 ·· 83
| 9 | 圧縮記帳 ·· 86
| 10 | 引当金 ·· 92
| 11 | 欠損金の繰越 ·· 104

第5章　税額の計算 ·· 107

| 1 | 法人税率・税額 ·· 107
| 2 | 特定同族会社の特別税率 ·· 112
| 3 | 使途秘匿金の特別税率 ··· 114
| 4 | 所得税額控除 ·· 115
| 5 | 外国税額控除 ·· 118
| 6 | 法人税額の特別控除 ··· 122

第6章　外貨建取引の換算等 ·· 127

| 1 | 外貨建取引の会計処理基準 ·· 127
| 2 | 意義及び内容 ·· 128
| 3 | 外貨建資産等の期末換算差損益の取扱い（法法61の9） ············· 129
| 4 | 具体的な期末時換算方法（法法61の9） ································ 129

5 ｜ 為替予約差額の配分 ……………………………………………… *130*

第7章　組織再編成税制・グループ法人税制・連結納税制度 …… *131*

　　　1 ｜ 組織再編成税制 …………………………………………………… *131*
　　　2 ｜ グループ法人税制 ………………………………………………… *142*
　　　3 ｜ 連結納税制度 ……………………………………………………… *148*

第8章　国際課税 ……………………………………………………………… *153*

　　　1 ｜ 移転価格税制 ……………………………………………………… *153*
　　　2 ｜ 過少資本税制 ……………………………………………………… *156*
　　　3 ｜ タックス・ヘイブン税制 ………………………………………… *158*

第9章　税務調査・不服申立て・訴訟 ………………………………… *163*

　　　1 ｜ 税務調査 …………………………………………………………… *163*
　　　2 ｜ 不服申立て及び訴訟 ……………………………………………… *165*

第10章　地方税（法人事業税・法人住民税） ……………………… *169*

　　　1 ｜ 法人事業税 ………………………………………………………… *169*
　　　2 ｜ 法人住民税 ………………………………………………………… *171*

事項索引 ………………………………………………………………………… *176*

凡　例

(1) **法令**
　法法 ……… 法人税法
　法令 ……… 法人税法施行令
　法規 ……… 法人税法施行規則
　耐令 ……… 減価償却資産の耐用年数等に関する省令
　措法 ……… 租税特別措置法
　措令 ……… 租税特別措置法施行令
　措規 ……… 租税特別措置法施行規則
　通法 ……… 国税通則法
　通令 ……… 国税通則法施行令

(2) **通達**
　法基通 …… 法人税基本通達
　耐通 ……… 耐用年数の適用等に関する取扱通達
　措通 ……… 租税特別措置法関係通達

(3) **その他**
　1、2 ……… 「条」を示す
　①、② …… 「項」を示す
　一、二 …… 「号」を示す

引用例
　　法法22③一　　法人税法第22条第3項第1号

第1章　法人税の概要

1 ｜ 法人税の意義

　法人税法は法人税について、納税義務者、課税所得等の範囲、税額の計算の方法等について定め（法法1）、経済活動の主体である法人を納税義務者として、その法人の所得に対する租税、すなわち法人所得税を直接法人に課す税金である。「法人」の概念については法人税法には特段の規定がなく、民法や会社法の以下の規定を借用している。

民法第33条①「法人は、この法律その他の法律の規定によらなければ、成立しない」
　　　　　②「学術、技芸、慈善、祭祀、宗教その他の公益を目的とする法人、営利事業を営むことを目的とする法人その他の法人の設立、組織、運営及び管理については、この法律その他の法律の定めるところによる」
会社法第3条「会社は、法人とする」

> **Column　借用（概念）**
> 　借用（概念）というのは、課税要件を定めた税法の規定のなかで、他の法分野における（通常私法である民法や商法・会社法などに規定されている）法概念が、特に定義されることなくつかわれている場合に、民法や商法・会社法などの法概念と同じ意味でその法概念をとらえるべきか、それとも税法独自の観点からその法概念をとらえ直してもよいかという議論のこと

わが国の法人税は、より広い概念で、(1) 各事業年度の所得に対する法人税、(2) 各法人課税信託の各計算期間の所得に対する法人税、(3) 退職年金等積立金に対する法人税が含まれるが、本書で主に取り扱うのが(1) の各事業年度の所得に対する法人税である。また法人税は、わが国の平成28年度国家予算（租税の内訳）の国税収入の約21％を占め、所得税（源泉所得税）約26％及び消費税約30％とともに租税歳入の中心に位置づけられている（国税庁レポート2016）。

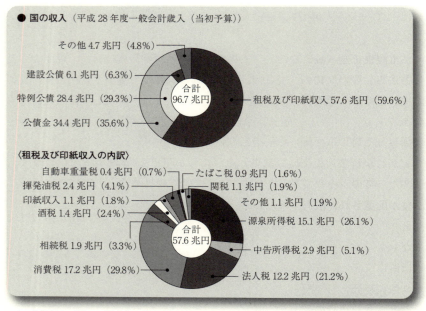

* 1　公債金は、歳入の不足を埋め合わせるために発行された特例公債と公共事業費などを賄うために発行された建設公債による収入であり、全てが将来返さなければならない借金です。
* 2　各項目の合計金額と「合計」の金額は、端数処理のため一致していません。

2 ｜ 法人税の性格と歴史

　法人税は、法人の所得を基準として課税する税金で基本的に二つの考え方がある。その1つは、法人は株主の集合体にすぎず、法人税は個人の所得税

の前払とする説と、もう1つには、法人税は法人自体の担税力に着目して、法人自体に課される独自の租税とする説である。前者は法人犠牲説（株主集合体説）と、後者は法人実在説（法人独立納税主体説）と呼ばれ、わが国の法人税法では、基本的に前者の法人犠牲説（株主集合体説）を採用し、配当に課される法人税と個人株主の段階で課される所得税の二重課税の調整が図られている。

　それについてわが国の法人税の歴史を簡単にみると、法人税は法人の所得課税として明治20年から法人に課税されたが、法人税は法人の所得そのものに課税するのではなく、法人が利益の配当をした場合にその配当を個人に対して他の所得と合算して所得税を課税していた。この考え方は法人と個人の二重課税を避けることを前提に、法人の所得はいずれ株主等に配当されることから、配当時に個人に課税すればよいとされた。その後明治32年の所得税改正で第1種所得税として個人の所得課税と区別して、単独に課税することとし、配当金では個人の所得税を課税しないこととし、法人と個人の二重課税を避けることにした。

　しかし現行法人税制度の基礎となったのが昭和25年度の法人税制の改正にあたってのシャウプ勧告*である。その勧告により法人と個人との課税の調整が配慮され、法人を完全な納税主体と認めず、法人を株主たる個人の集団とみなし、法人税は個人の所得に対する前払、いわゆる一種の源泉課税とみなす改革が行われた。そこで法人が利益の配当を行った場合には、その配当は既に法人税の課税済のものであることから個人の所得税を課税するにあたり法人税分として配当の相当額を個人の所得税から控除することによる調整が図られ、現行の受取配当金等の益金不算入制度（法法23）はその考え方が基礎となっているといえよう。

> **Column　シャウプ勧告**
> 　シャウプ勧告とは、昭和24年の「シャウプ使節団日本税制報告書（Report on Japanese Taxation by the Shoup Mission, Vol. 1〜4）の通称のこと。わが国の税制の全面的再検討と改革のため、当時の占領軍総司令部の招きでアメリカからコロンビア大学のカール シャウプ博士を団長とするシャウプ使節団が来日し、約3カ月半にわたって調査・検討を行い、9月15日に膨大な報

告書を発表した。これがシャウプ勧告のこと

3 │ 納税義務者

（1）納税義務者の範囲

　法人税の納税義務者となる法人には「内国法人」と「外国法人」に区分され（法法2三、四）、「内国法人」とは、国内に本店又は主たる事務所を有する法人をいい、無制限納税義務者として、その源泉が国内にあるか、国外にあるかを問わず、すべての所得について納税義務を負う（法法4①、法法5）。また「外国法人」は内国法人以外の法人をいい、制限納税義務者として、国内源泉所得についてのみ納税義務を負う（法法4②、法法9）。

（2）納税義務者の種類

　内国法人・外国法人については、法人税法上次の5種類に分類されている。ただし、外国法人には公共法人、公益法人等、協同組合等に該当するものはない。
　①　公共法人（法法2五）
公共法人には、公法人たる地方公共団体、公益性が強い国民生活金融公庫、日本政策投資銀行、日本放送協会等、国等の行う事業を代行する目的で設立された土地開発公社、地方公共団体等が該当するが、納税義務は無い。
　②　公益法人等（法法2六）
　公益法人等とは、公益の追及を目的に設立された公益社団法人・財団法人をはじめ、特別法に基づいて設立された各種非営利法人で、たとえば、宗教法人、学校法人、公益社団法人、公益財団法人、社会医療法人等がこれに該当する。公益法人等は収益事業から生じた所得のみが課税の対象とされる。
　③　協同組合等（法法2七）
　組合員の相互扶助を目的に設立された法人で、農業協同組合、漁業協同組合、消費生活協同組合、信用金庫等がこれに該当する。協同組合等は納税義務があるが、その性質から軽減税率が適用される。

④　人格のない社団等（法法2八）

法人でない社団または財団で代表者または管理人の定めのあるものをいい、PTA、同窓会、同業者団体等がこれに該当する。人格のない社団等はその所得のうち課税の対象とされるのは、公益法人等と同様収益事業から生じた所得のみに課税される。

⑤　普通法人（法法2九）

普通法人とは、上記4種類のいずれにも属さない法人のことで、株式会社、合名会社、合資会社、合同会社、一般社団法人、一般財団法人、医療法人、企業組合等がこれに該当し、納税義務を負う。

Column　統計データからみる法人の実態

平成26年度分の法人数（内国普通法人のうち、休業、清算中の法人並びに一般社団・財団法人を除く。以下同じ。なお、内国普通法人には人格のない社団等や協同組合等は含まない。）は261万6,485社で、このうち連結親法人は1,493社、連結子法人は10,711社となっている。平成26年度分の法人数から、連結子法人の数を差し引いた260万5,774社のうち、欠損法人は172万9,372社で、欠損法人の割合は66.4％となっている。このうち連結法人（1,493社）について見ると、欠損法人が606社で、欠損法人の割合は40.6％となっている。

このように、わが国の法人の実に7割弱が赤字となっており、黒字の法人は実に3割強程度しかないのである。

また、平成26年度分の法人の営業収入金額は1,538兆207億円で、このうち利益計上法人について見ると、営業収入金額は1,171兆3,286億円、所得金額は53兆9,311億円、営業収入金額に対する所得金額の割合は4.6％となっている。

法人税額は10兆2,098億円となっており、所得税額控除は2兆9,125億円、外国税額控除は7,113億円となっている。

出典：国税庁 長官官房 企画課『平成26年度分　会社標本調査　―調査結果報告―税務統計から見た法人企業の実態』（平成28年3月）https://www.nta.go.jp/kohyo/tokei/kokuzeicho/kaishahyohon2014/pdf/h26.pdf

4 | 法人税の種類と課税所得の範囲

　現在法人税法で規定されている法人税の種類は3つあり、課税の範囲は必ずしも同一ではなく、各所得金額を課税標準として法人税が課税される。これらの税の中心となるのは、言うまでもなく次の（1）①の各事業年度の所得に対する法人税である。

（1）法人税の種類と課税標準
① 　各事業年度の所得に対する法人税（法法21）
　　法人が各事業年度に獲得した所得を課税対象とする。
② 　各法人課税信託の各計算期間の所得に対する法人税
　　法人課税信託の受益者である法人または個人が各計算期間に獲得した所得を課税対象とする。
③ 　退職年金等積立金に対する法人税
　　退職年金業務を行う信託会社、生命保険会社、銀行等の法人に積み立てられる各事業年度の退職年金等積立金を課税対象とする。

（2）法人の種類と課税所得の範囲
　法人の課税所得の範囲は法人の種類により異なり、それを区分すると以下の様になる。

法人の種類 （内国法人）	各事業年度の所得	各法人課税信託	退職年金等積立金
公共法人	納税義務無し（法法4②）		
公益法人 人格のない社団	収益事業から生じた所得に対してのみ課税（法法4①ただし書5, 7）	法人課税信託の受益者である法人または個人に対して課税（法法4）	退職年金業務等を行う法人（信託会社、保険会社、銀行等に対して課税（法法8）
協同組合 普通法人	課税（法法4, 5）		

5 | 事業年度

（1）事業年度の意義

　法人税における事業年度とは、法人の財産及び損益の計算の単位となる期間（会計期間）で、法令で定めるもの又は法人の定款、寄附行為、規則、規約その他これらに準ずるもの（以下「定款等」という）と定めるものをいい、当該期間は1年を超えることはできない。ただし法令又は定款等に会計期間の定めがない法人には、以下に掲げる日から2月以内に、会計期間を定めて納税地の所轄税務署長に届け出なければならない（法法13②）。
　①　内国法人の場合は設立の日
　②　外国法人の場合は国内に恒久的施設を有することとなった日
　また届出をすべき法人がその届出をしない場合には、納税地の所轄税務署長が指定した会計期間を、および人格のない社団等については、その年の1月1日から12月31日まで（暦年）を事業年度としている（法法13③④）。

（2）みなし事業年度

　法人税法では、内国法人（普通法人又は協同組合等）が次のような場合に、一定の期間を1事業年度とみなして法人税を課税することとしている（法法14）。
　①　中途解散の場合
　　内国法人が事業年度の中途において解散した場合、その事業年度開始の日から解散の日までの期間及び解散の日の翌日からその事業年度終了の日までの期間を1事業年度とみなす。
　②　合併による解散の場合
　　内国法人が事業年度の中途において合併により解散した場合、その事業年度開始の日から合併の日の前日までの期間を1事業年度とみなす。
　③　分割型分割を行った場合
　　内国法人が中途において当該法人を分割法人とする分割型分割を行った場合、その事業年度開始の日から分割型分割の日の前日までの期間及び

分割型分割の日からその事業年度終了の日までの期間を1事業年度とみなす。
④ 残余財産の確定の場合
清算中の内国法人の残余財産が中途において確定した場合、その事業年度開始の日から残余財産の確定の日までの期間を1事業年度とみなす。
⑤ 清算中継続の場合
清算中の内国法人が中途において継続した場合、その事業年度開始の日から継続の日の前日までの期間及び継続の日からその事業年度の日までの期間を1事業年度とみなす。

（3） 事業年度等の変更の届出

　法人がその定款等に定める会計期間を変更し、又はその定款等において新たに会計期間を定めた場合には、遅滞なく、その変更前の会計期間及び変更後の会計期間又はその定めた会計期間を納税地の所轄税務署長に届けなければならない（法法15）。

6 ｜ 納税地

（1） 納税地の意味

　納税地とは、租税を納付する場所のことをいい、納税義務者は、納税地の所轄税務署長に租税の申告・納付等を行わなければならない。法人税法上の意味は、納税義務者の各種申告・申請・請求・届出・納付等の手続きの相手方となる税務官庁を定める基準となる場所である（法法71、74、80の2、82）。法人税法において内国法人、および外国法人の納税地については各々以下のように定められている（法法16、17）。
　① 内国法人の納税地
　　内国法人の納税地は、本店または主たる事務所の所在地
　② 外国法人の納税地
　　外国法人の納税地は、以下の区分に応じてその場所が定められている。
　　イ　国内に恒久的施設を有する外国法人

その外国法人が国内において行う事業に係る事務所、事業所その他これらに準ずるものの所在地
　ロ　国内に恒久的施設を有しない法人で、不動産の貸付等の対価に掲げる対価を受けるものは、その対価に係る資産の所在地
　ハ　上記イロに該当しない外国法人は政令で定める場所

（2）納税地の指定等

　法人の事業又は資産の状況から法人税の納税地として不適当であると認められる場合には、所轄税務署長は法人税の納税地を指定することができる（法法18）。

7 ｜ 確定申告制度

（1）確定申告

　わが国の法人税では申告納税制度が採用され、法人は、事業年度が終了した後に決算を行い、株主総会の承認（会社法438②）を受け、その承認を受けた決算（確定決算）に基づき所得金額、法人税額等、法人税法で定められた事項を記載した申告書を税務署長に提出しなければならない（法法74）。
　この手続きを確定申告といい、このようにして作成された申告書を確定申告書という（法法2三十一）。なお、この申告書は欠損のため納付すべき税額がない場合にも、提出が必要とされる（法法74）。

（2）確定申告の提出期限

　確定申告の提出は、原則として各事業年度終了の日から2月以内に提出しなければならない（法法74①）。ただし、一定の要件に該当する場合には、例えば災害等による延長等（法法75①②）では、法人は申告期限の延長を申請することができる。その場合、確定申告書の提出期限の延長を受けようとする法人は、その事業年度終了の日の翌日から45日以内に、その理由、指定を受けようとする期日等を記載した申請書を税務署長に提出しなければならない。

（3）中間申告

　法人は、その事業年度が6月を超える場合には、当該事業年度開始の日以後6月を経過した日から2月以内に、税務署長に中間申告書を提出しなければならない（法法71①）。中間申告には、①前期実績を基準とする中間申告（予定申告）と②仮決算に基づく中間申告があり、いずれかにするかは法人の解釈によるが、原則前期実績を基準とする（法法72）。ただし、②仮決算に基づく中間申告は、仮決算をした場合の中間申告書に記載すべき法人税の額が前期基準額（前事業年度の確定法人税額を前事業年度の月数で除し、これに6を乗じて計算した金額）を超える場合、及び前期基準額が10万円以下である場合には、提出できない。なお、中間申告を要する法人が、それを提出しなかった場合には、その申告期限において予定申告書の提出があったものとみなされる（みなし申告）（法法73）。

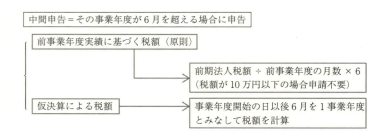

▶ 練習問題

1　法人税の性格について二つの考え方がある。それらについて各々説明しなさい。
2　納税義務者の範囲と種類について簡潔に説明しなさい。
3　確定申告制度について説明しなさい。

第2章 課税所得計算の基礎

1 │ 課税所得

　法人税の課税標準である各事業年度の所得の金額は、当該事業年度の益金の額から損金の額を控除した金額とすると規定している（法法21、22①）。それを算式で示すと以下の様になるが、法人税法は法人の所得の概念を積極的に定義するのではなく、益金の額と損金の額との差額により、各事業年度の法人の所得を確定させることを定めている。

$$課税所得の金額＝益金の額－損金の額$$

　益金・損金の差額概念は法人税法上固有の概念ではあるが、しかし法人税法では、益金の額に算入すべき金額は、別段の定めがあるものを除き、資本等取引以外のものに係る当該事業年度の収益の額と定め、また損金の額に算入すべき金額は、別段の定めがあるものを除き、原価、費用、損失の額で資本等取引以外のものに係るものと定められ（法法22②③）としている。

　したがって損金・益金の概念は、企業会計上の収益、費用、損失によるものとされているが、法人税法が規定する当該別段の定めの適用により、益金と企業会計上の収益と、また損金と企業会計上の費用との範囲が異にすることを明示するためとしている。つまり、益金および損金の額は、次に示す法人税法第22条第4項の「一般に公正妥当と認められる会計処理の基準」に従って計算されるべきものとされ、その意味で租税会計は基本的に企業会計の基礎のうえに立ち、また企業会計に影響を及ぼすことも少なくないのである。法人税法の本質は、課税の公平や租税政策上または経済政策上の目的を

実現するために、企業会計上の収益・費用の範囲に修正を加えることを目的とする別段の定めの法体系にあるということができ、別段の定めは法人税法または租税特別措置法が明文をもって特別に定めている。

2 一般に公正妥当と認められる会計処理の基準

「一般に公正妥当と認められる会計処理の基準」（公正処理基準）は、昭和42年の税制改正により、法人税法第22条第4項に「第2項に規定する当該事業年度の収益の額及び前項各号に掲げる額は、一般に公正妥当と認められる会計処理の基準に従って計算されるものとする」という一項が挿入され、法人税の課税所得の計算の簡素化の一環として、また当該計算は企業会計に準拠して別段の定めにより誘導的に計算されるものであることを定めた基本規定とされる。つまり、法人税法は、法人が一般に公正妥当と認められる会計処理の基準に従った会計処理をしていれば、その会計処理を認めるという判断を明らかにしたものとされ、それは法人の利益と法人の所得とが共通の観念であることを意味している。しかしその会計処理の基準とは企業会計審議会の企業会計原則のみを意味するものではなく、一般に社会通念に照らして公正で妥当であると評価されうるもので、会社法第431条、会社法計算規則第3条、金融商品取引法等の特別法等の計算規則・会計処理基準等、また今後の動向にもよるが国際会計基準も含まれることになる。なおこの一般に公正妥当と認められる会計処理の基準についての判例*では期間損益対応や権利確定主義等が参考になる。

> **Column** 公正妥当判例（最高裁平成5年11月25日判決）
> 　法法22④は法人税法の益金及び損金の計算は、原則として「公正妥当な会計処理基準」に従って行われる旨規定されている。この基準について判例では、法人のした利益計算が法人税法の企図する公正な所得計算としての要請に反するものでない限り、課税所得の計算上これを是認するのが相当である旨述べている

3 | 益金の額

　法人税法の各事業年度の所得の金額の計算での益金の額に算入すべき金額は別段の定めがある場合を除き、資産の販売、有償または無償による資産の譲渡または役務の提供、無償による資産の譲受けその他の取引で資本等取引以外のものに係る当該事業年度の収益の額とされ（法法22②）、次に示す収益の額が該当する。ここでの収益の額とは、取引により生じる損益の差額、いわゆる正味金額（ネット）ではなく、売上高や収入の売上高や総収入額（グロス）をいい、また法人税法上の収益には資産の贈与により生ずる収益等が含まれ、企業会計上の収益と必ずしも同一ではなく、その範囲が若干異にしていることへの留意が望まれる。

（1）資産の販売に係る収益

　資産の販売による収益の代表は、法人が棚卸商品や製品等の販売による収益で、その収益の実現があったとして売上を計上することになる（販売基準）。そして商品等の引渡しがあった日を収益発生の時としている（基通2-1-1）。

設例：A社がB社に商品を10,000,000円で販売した。
　　　A社；
　　　売掛金　10,000,000　　　売上　10,000,000

（2）有償または無償、あるいは低廉による資産の譲渡に係る収益

　①有償による資産の譲渡による収益は、固定資産や有価証券等の売却収入のことで、企業会計では固定資産売却損益等として表示されるのが一般的であるが、法人税法では譲渡収入の総額として益金の額に算入する。

設例：A社がB社に土地（帳簿価額10,000,000円）を20,000,000円で譲渡した。
　　　A社（譲渡法人）

現金	20,000,000	土地譲渡収入	20,000,000
土地譲渡原価	10,000,000	土地	10,000,000

　②無償による資産の譲渡による収益は、企業会計では金銭の授受が発生しないので、これを収益として認識することはないが、法人税法では、法人が他の者と取引を行う場合には、全ての資産は、時価によって取引されたものとみなして課税所得を計算するのが原則的な取扱いとなっている。したがって法人税法では、法人の所有資産を第三者に無償で譲渡した場合、その譲渡金額は、その法人の収益として益金の額に算入し、またその金額相当額は相手方への贈与とみなされ、それによる損失は原則寄付金で処理される。この場合、相手方が法人であれば、無償による資産の譲受けとなるので、その分益金の額に算入される。したがって法人税法では無償による資産の譲受けについても、法人の収益として益金の額に算入することとしている。

設例：A社がB社に土地（帳簿価額20,000,000円）を無償で贈与した。なお贈与した土地の時価は35,000,000円である。
A社（譲渡法人）；
①土地を時価で譲渡したものと考える。

現金	35,000,000	土地譲渡収入	35,000,000
土地譲渡原価	20,000,000	土地	20,000,000

②対価の現金を贈与したものと考える。

寄附金	35,000,000	現金	35,000,000

　③資産の低廉譲渡があった場合、時価と譲渡価額との差額は、一般に贈与と考えられるので、無償譲渡と同様に取り扱われる。

設例：A社が時価5,000万円の土地を低廉（1,500万円）でB社に譲渡した。
A社（譲渡法人）；

現金	15,000,000	土地譲渡収入	50,000,000
寄付金	35,000,000		

（3）有償または無償による役務の提供に係る収益

役務の提供に係る収益には、請負契約に基づく報酬または金銭の貸付契約に基づく利子収入などが含まれる。なお法人税法では無償による資産の譲渡と同様に、無償による役務の提供についても適正な価額により収益として益金の額に算入することとしている。

（4）無償による資産の譲受けに係る収益

無償による資産の譲受けは、法人が他の者から資産を無償で取得した場合、法人の純資産がその分増加することから、その取得資産の適正な評価額（時価）をもって収益（受贈益）として益金に算入することとしている。

設例：A社が土地（50,000,000円）を無償でB社から譲り受けた。
　　　A社（譲受法人）
　　　土地　　　　　50,000,000　　受増益　　　　　50,000,000

（5）その他の取引で資本等取引以外のものに係る収益

当該取引には、債務免除益、税法上認められている引当金の取崩益等が該当する。

4 ｜ 損金の額

法人税法第22条第3項では、当該事業年度の損金の額は、別段の定めがあるものを除き、当該事業年度の次に掲げるものとされている。当該規定は、損金とは、純資産を減少する取引であっても次の3つのいずれかに該当しなければならない、つまり、それは純資産の減少によってではなく、一般に公正妥当と認められる会計処理の基準に従い、基本的には費用収益対応の原則に基づき損金とされなければならないもので、収益獲得に無関係な支出は、原則として損金ではないとされている。

(1) 当該事業年度の収益に係る売上原価、完成工事原価その他これらに準ずる原価の額

(2) 当該事業年度の販売費、一般管理費その他の費用の額
(3) 当該事業年度の損失の額で資本等取引以外の取引に係るもの

（1） 売上原価等

当該原価等は当該事業年度の収益に対応する売上原価、完成工事原価その他これらに準ずる原価で、収益に対応する費用、つまり収益原価と呼ばれるにふさわしいものである。またその他これらに準ずる原価には、例えば譲渡収益に対応する譲渡原価、役務提供収益に対応する役務提供原価等がある。

設例：A社はB社に土地（帳簿価額 20,000,000 円）を 30,000,000 円で譲渡した。
　　A社（譲渡法人）
　　現金　　　　　　　30,000,000　　土地譲渡収入　　30,000,000
　　土地譲渡原価　　　20,000,000　　土地　　　　　　20,000,000

（2） 販売費、一般管理費その他の費用

当該費用は当該事業年度の収益と個別に対応することが困難な費用で、いわゆる期間費用とされるものが大部分を占める。これらの費用は当該事業年度の損金の額に算入されるためには、別段の定めがある場合を除き、当該事業年度終了の日までに債務が確定していることを要する（債務確定主義）（基通 2-2-12）。したがって、費用の見越計上や引当金の計上は、別段の定めがある場合を除いて認められない。しかし、貸倒引当金や返品調整引当金は、債務確定という要件からは認められないが、別段の定めにより法人税法上限定列挙方式により計上が認められている。もっとも、減価償却費は、法人内部の取引に関するものであることから債務の確定という問題から除外されている。

（3） 損失

当該事業年度の損失の額は収益や期間対応と直接関係なく、災害・盗難・為替変動等の偶発的原因による経済的価値の喪失をいい、当該事実が発生した時の当該事業年度の損金の額とするとされている。

5 | 資本等取引

　資本等取引とは、法人の資本金等の額を増加あるいは減少させる取引および法人が行う利益または剰余金の分配および残余財産の分配または引渡しをいう（法法22⑤）。この資本等取引から生ずる利益には、具体的には、払込剰余金や減資差益など、また損失には減資差損や合併差損がこれに該当し、なお損金の額に算入されない利益または剰余金の処分には、利益の配当や剰余金の分配も含まれる。

▶練習問題

1　課税所得について説明しなさい。
2　法人税法第22条4項の公正処理基準について説明しなさい。
3　益金・損金の額について各々説明しなさい。

第3章　益金の額の計算

1 ｜ 一般販売収益

（1） 商品や製品等の販売による収益

　商品や製品等の棚卸資産を販売したことによる収益の額は、その引渡しがあった日の属する事業年度の益金の額に算入する（法基通2-1-1）としている。法人税法では商品や製品等の収益の計上基準は、原則として、商品等の引渡した日に収益を計上するという「販売基準（引渡基準）」を採用している。

　ただし、業種や業態などによって実際にはさまざまな取引形態や取引慣行があることから、「その引渡しがあった日」については、商品等の種類や取引形態等に応じて、いずれかの合理的な基準を毎期継続して適用すれば法人税法上もその基準の採用が認められる（法基通2-1-2前段）。

計上基準	引渡しがあった日
出荷基準	商品や製品等を出荷した日
検収基準	取引の相手方が商品や製品等を検収して引き取った日
使用収益開始基準	取引の相手方が使用収益できることとなった日
検針日基準	検針等により販売数量を確認した日

　なお、その引渡しの日の属する事業年度終了の日までにその販売代金の額が確定していないときは、同日の現況によりその金額を適正に見積るものとする。この場合において、その後確定した販売代金の額が見積額と異なるときは、その差額は、その確定した日の属する事業年度の益金の額又は損金の額に算入する（法基通2-1-4）。

> **Column　輸出取引の場合の収益計上基準**
>
> 　輸出取引に係る収益計上基準は、原則として船積日基準によることとされている。これに関連して次のような判決がある。
> ●最高裁第一小法廷平成5年11月25日判決（民集47巻9号5278頁）
> 　X（原告・上告人）は、家電製品の輸出取引を行う会社である。Xの輸出取引は、Xにおいて商品を船積みし、運送人から船荷証券の発行を受けた上、商品代金の取立てのための為替手形を降り出して、これに船荷証券等を添付し、いわゆる荷為替手形として取引銀行で買い取ってもらい商品代金を回収するというものであった。このような取引についてXは、荷為替手形を取引銀行で買い取ってもらう際に船荷証券を取引銀行に交付することによって商品の引渡しをしたものとして収益計上していた（荷為替取組日基準）。
> 　最高裁は、「船積日基準によって輸出取引による収益を計上する会計処理は、公正妥当と認められる会計処理の基準に適合し、……実務上も広く一般的に採用されていることからすれば、被上告人（課税庁）が、船積日基準によって、上告人の……所得金額及び法人税額の更生を行ったことは、適法というべきである。」と判断した。

（2）請負による収益

　請負には、物の引渡しを要するもの（建築請負）と、物の引渡しを要せず役務の提供だけのもの（運送、技術指導等）がある。それぞれの収益計上時期は以下のようになっている（法基通2-1-5～2-1-13）。なお、工事期間が1年以上で一定の要件を満たす長期大規模工事の請負については後述する（(6)②長期大規模工事に係る取扱いを参照）。

物の引渡しを要するもの	完成引渡基準（原則）	目的物を全部引き渡した日
	部分完成基準	完成部分を引き渡した日
物の引渡しを要しないもの	役務完了基準（原則）	役務の全部を完了した日
	部分完了基準	部分的に収益金額が確定した日

（3）売上値引等の処理

　営業収益を計上した後、その営業収益について売上値引、売上返品、売上

割引、売上割戻しがあった場合の取扱いは次のようになっている。

① 売上値引・返品・割引の場合

売上値引とは、売上に係る品数不足、品質不良、破損等の理由により売上金額から控除される額のことをいう。これらの理由により売上値引をした場合には、その売上値引があった事業年度の売上高から控除する。

売上返品とは、品違い等の理由により返品されたことにより売上金額から控除される額をいう。この売上返品については売上値引と同様の処理を行う。

なお、当該事業年度前の各事業年度において、値引き、返品等の事実が生じた場合でも、これらの事実に基づいて生じた損失の額は、当該事業年度の損金の額に算入する（法基通2-2-16）。

売上割引とは、取引の相手方が商品等の販売代金を、約定された支払期日よりも前に支払ったことによる売掛金の一部免除額等をいう。この売上割引をした場合には、企業会計上は営業外費用等で処理することになるが、法人税法では売上値引等と同様に売上金額から控除することも認められており、したがって、売上金額から控除することも営業外費用として損金算入することも認められる。

【売上値引等の取扱い】

	処　　理
売上値引	売上金額から控除
売上返品	売上金額から控除
売上割引	売上金額から控除 or 営業外費用として損金算入

② 売上割戻しの場合

売上割戻しとは、一定期間内に多額又は多量の取引をした取引先に対して行う売上代金の返戻額等をいう。

なお、販売した棚卸資産に係る売上割戻しの金額の計上の時期は、次の区分に応じ、次に掲げる事業年度とする（法基通2-5-1）。

【売上割戻しの計上時期】

(ア) その算定基準が販売価額又は販売数量によっており、かつ、その算定基準が契約その他の方法により相手方に明示されている売上割戻し	販売した日の属する事業年度。ただし、継続適用を条件として売上割戻しの金額の通知又は支払をした日の属する事業年度に計上することができる。
(イ) (ア)に該当しない売上割戻し	その売上割戻しの金額の通知又は支払をした日の属する事業年度。ただし、各事業年度終了の日までに、その販売した棚卸資産について売上割戻しを支払うこと及びその売上割戻しの算定基準が内部的に決定されている場合において、法人がその基準により計算した金額を当該事業年度の未払金として計上するとともに申告期限までに相手方に通知したときは、継続適用を条件として、当該事業年度の費用とすることができる。

2 特殊販売収益

(1) 委託販売

委託販売とは、自社(委託者)の商品(委託品)の販売を他社(受託者)に委託する販売形態をいう。

委託販売による収益の額は、その委託品について受託者が販売をした日の属する事業年度の益金の額に算入する。ただし、当該委託品についての売上計算書が売上の都度作成され送付されている場合において、法人が継続してその収益を当該売上計算書の到達した日の属する事業年度の益金の額に算入しているときは、これを認める(法基通2-1-3)。

なお、受託者が週、旬、月を単位として一括して売上計算書を作成している場合においても、それが継続して行われているときは、「売上の都度作成され送付されている場合」に該当する(法基通2-1-3(注))。

(2) 試用販売

試用販売とは、取引先に試用品として商品等を送り、取引先において購入する意思があるときはこれを引き取り、その意思がないときは返品する契約によって行う販売形態をいう。試用販売では、取引の相手方が商品を試用等

した後、その商品を買い取る意思表示をしたときに収益が実現する。したがって、試用販売による収益の額は、取引の相手方が購入の意思を表明した日の属する事業年度に計上する。なお、試用等の期間を定めている場合において、その期間を経過しても相手方から返品または返品する意思表示のないときは、特別の事情がない限り、その期間の終了時において購入につき暗黙の意思表示があったものとして収益の額を計上する。

（3） 予約販売

予約販売とは、商品等を将来引き渡すなどの約束で、あらかじめ予約金を受け取る販売形態である。したがって、予約販売による収益の額は、商品の引渡しまたは役務の提供が完了した日の属する事業年度に計上する。

（4） 長期割賦販売

長期割賦販売等による損益については、収益計上基準の特例として、一定の要件を満たせば、延払基準を適用して繰延経理することが認められる（法法63）。

長期割賦販売等とは、資産の販売等で、①月賦、年賦その他の賦払の方法により3回以上に分割して対価の支払を受けること、②その資産の販売等に係る目的物又は役務の引渡し又は提供の期日の翌日から最後の賦払金の支払の期日までの期間が2年以上であること、③その他政令で定める要件に適合する条件を定めた契約に基づき当該条件により行われるもの及びリース譲渡（(5) リース契約を参照）をいう（法法63⑥）。

長期割賦販売等に該当する資産の販売や譲渡、工事（製造を含む。ただし、長期大規模工事に該当するものを除く。）の請負又は役務の提供（資産の販売等）をした場合に、その収益の額及び費用の額につき、その資産の販売等に係る目的物の引渡し（又は役務の提供）をした事業年度以後の各事業年度の確定した決算において延払基準の方法により経理したときは、その収益の額及び費用の額を各事業年度に分割して計上することができる（法法63①、法令124①②）。

なお、この延払基準の方法は次の算式により計算する。

$$\begin{pmatrix} \text{当期に計上すべき} \\ \text{収益の額} \\ \text{又は} \\ \text{費用の額} \end{pmatrix} = \begin{pmatrix} \text{長期割賦販売等の対価の額} \\ \text{又は} \\ \text{長期割賦販売等の原価の額} \\ \text{(販売手数料を含む)} \end{pmatrix} \times \text{賦払金割合(※)}$$

(※)賦払金割合 = (当期中に支払期日の到来する割賦金の合計額 − 左のうち前期末までに支払を受けた金額 + 当期中に支払を受けた金額で翌期以後に支払期日の到来するもの) ÷ 長期割賦販売等の対価の額

(5) リース契約

① リース取引の取扱い

リース取引とは、資産の賃貸借（所有権が移転しない土地の賃貸借その他の政令で定めるものを除く。）で、①当該賃貸借に係る契約が、賃貸借期間の中途においてその解除をすることができないものであること又はこれに準ずるものであること（中途解約禁止）、②当該賃貸借に係る賃借人が当該賃貸借に係る資産からもたらされる経済的な利益を実質的に享受することができ、かつ、当該資産の使用に伴って生ずる費用を実質的に負担すべきこととされているものであること（フルペイアウト）、の2つの要件に該当するものをいう（法法64の2③）。すなわち、法人税法で規定しているリース取引とはいわゆるファイナンス・リース取引のことをいう。

なお、「資産の使用に伴って生ずる費用を実質的に負担すべきこととされているもの」とは、資産の賃貸借につき、その賃貸借期間（当該資産の賃貸借に係る契約の解除をすることができないものとされている期間に限る。）において賃借人が支払う賃借料の金額の合計額がその資産の取得のために通常要する価額（当該資産を事業の用に供するために要する費用の額を含む。）のおおむね90％に相当する金額を超える場合をいう（法令131の2②）。

内国法人がリース取引を行った場合には、そのリース取引の目的となる資産（以下「リース資産」という。）の賃貸人から賃借人への引渡しの時に当該リース資産の売買があったものとして、当該賃貸人又は賃借人である内国法

人の各事業年度の所得の金額を計算する（法法64の2①）。

　この場合において、リース資産の引渡しを行った日以後の各事業年度の所得については、ア及びイを収益の額、ウを費用の額として計算する（法法63②、法令124④）。

　ア　リースの対価の額－利息相当額（※1）× $\dfrac{その事業年度におけるリース期間の月数（※2）}{リース期間の月数（※2）}$

　イ　利息相当額（※1）のうち、複利法により計算されるその事業年度のリース期間に帰せられる金額

　ウ　原価の額× $\dfrac{その事業年度におけるリース期間の月数（※2）}{リース期間の月数（※2）}$

（※1）利息相当額は、（リースの対価の額－原価の額）×20％とする（法令124③）。

（※2）月数は、暦によって計算し、1月に満たない端数が生じたときはこれを1月とする（法令124⑤）。

②リース譲渡の特例

　内国法人が、上記①のリース取引によるリース資産の引渡し（以下「リース譲渡」という。）を行った場合には、その対価の額を利息に相当する部分とそれ以外の部分とに区分した場合における当該リース譲渡の日の属する事業年度以後の各事業年度の収益の額及び費用の額として政令で定める金額は、当該各事業年度の所得の金額の計算上、益金の額及び損金の額に算入する（法法63②）。

　なお、内国法人が譲受人から譲渡人に対する賃貸（リース取引に該当するものに限る。）を条件に資産の売買を行った場合において、当該資産の種類、当該売買及び賃貸に至るまでの事情その他の状況に照らし、これら一連の取引が実質的に金銭の貸借であると認められるときは、当該資産の売買はなかつたものとし、かつ、当該譲受人から当該譲渡人に対する金銭の貸付けがあつたものとして、当該譲受人又は譲渡人である内国法人の各事業年度の所得の金額を計算する。

【リース取引に係る取扱い】

資産の賃貸借取引	法人税法上のリース取引 (ファイナンス・リース取引)	売買取引
	上記以外のリース取引	賃貸借取引

(6) 工事収益

① 工事の請負に係る収益の計上

工事（製造及びソフトウェアの開発を含む。）の請負に係る対価は、原則として完成引渡基準（工事完成基準）により収益を計上する。ただし、工事の請負のうち、長期大規模工事とその他の工事に区分して仕掛中の事業年度において工事の進行に応じて収益に計上することができる。

なお、長期大規模工事に該当する場合は、工事進行基準が強制適用される（法法64、法令129）。

② 長期大規模工事に係る取扱い

長期大規模工事に該当する工事（製造及びソフトウェアの開発を含む。）の請負については、工事進行基準により収益の額及び費用の額を計算する（法法64①）。これは、長期大規模工事は工事代金について契約により約束されており、その損益は工事の進行度合に応じて順次確定すると考えられることや完成引渡基準では課税の繰延べをいたずらに認めてしまうことになるからである。

長期大規模工事とは、以下の要件のすべてを満たす工事をいう。

(ア) その着手の日から目的物の引渡しの期日までの期間が1年以上あること

(イ) その請負の対価の額が10億円以上であること

(ウ) その請負の対価の額の2分の1以上がその工事の目的物の引渡しの期日から1年を経過する日後に支払われることが定められていないものであること

なお、次のいずれかに該当するときは、長期大規模工事の請負の収益の額及び費用の額はないものとすることができる（法令129⑥）。

（ア）その事業年度終了の時において、その着手の日から6月を経過していないもの
（イ）進行割合が20％に満たないもの
③　その他の工事に係る取扱い

上記②の長期大規模工事以外の工事で2事業年度以上にわたる工事の請負については、確定した決算において工事進行基準の方法により経理するか、工事完成基準かのいずれかにより収益の額及び費用の額を計算できる（法法64②）。

④　工事進行基準

工事進行基準とは、工事の請負の対価の額及び工事原価の額に事業年度終了時におけるその工事に係る進行割合を乗じて計算した金額から、それぞれの事業年度前に計上した収益の額及び費用の額を控除した金額を事業年度の収益の額及び費用の額とする方法である（法令129③）。また、進行割合とは、次に掲げる算式による割合その他の工事の進行の度合いを示すものとして合理的と認められるものに基づいて計算した割合をいう。

$$工事進行割合 = \frac{既に要した原材料、労務費その他の経費の額の合計額}{期末の現況による工事原価の見積額}$$

〔工事中の事業年度〕

収益の額 ＝ 請負対価の額 × 工事進行割合 － 前事業年度までに計上した収益の額の合計額

費用の額 ＝ 期末の現況による工事原価の見積額 × 工事進行割合 － 前事業年度までに計上した費用の額の合計額

〔引渡しをする事業年度〕

収益の額 ＝ 請負対価の額 － 前事業年度までに計上した収益の額の合計額
費用の額 ＝ 工事原価の額 － 前事業年度までに計上した費用の額の合計額

⑤　工事完成基準

工事完成基準とは、請け負った工事が完成し、引渡した事業年度に収益の額及び費用の額を計上する基準をいう。

【工事の請負に係る取扱い】

長期大規模工事	工事進行基準（強制適用）	
上記以外の工事	2事業年度以上にわたる工事	工事進行基準又は工事完成基準
	上記以外の工事	工事完成基準

【特殊販売収益】

設例：次の処理のうち、当初の当期（平成29年4月1日～平成30年3月31日）において、税務上認められるものを挙げよ。

① 販売委託先から各月分の計上計算書については、その翌月に送られてくることになっている。したがって、当社では3月分の委託販売の収益は翌朝に計上している。
② 試用販売においても、一般販売と同様に、商品を販売先に発送したときに収益を計上している。
③ 予約販売では、商品を相手先に引渡したときに収益を計上している。
④ 長期割賦販売等では、代金回収等が長期になる等の理由から、延払基準を適用している。

【解答】

①、③、④

【解説】

① 委託販売は、受託者が週、旬、月を単位として一括して売上計算書を作成している場合においても、それが継続して行われていれば、売上の都度作成され送付されている場合に該当することから、当社の処理は認められる。
② 試用販売は、取引先の購入意思が表示されたときに収益を計上するので、発送したときに収益を計上することは認められない。
③ 予約販売は、予約金を受け取ったときに収益を計上するではなく、商品の引渡しまたは役務の提供が完了した日の属する事業年度に収益を計上するので、当社の処理は認められる。

④ 長期割賦販売等では、その資産の販売等に係る目的物の引渡し（又は役務の提供）をした事業年度以後の各事業年度の確定した決算において延払基準の方法により経理したときは、その延払基準で処理することが認められる。

【長期割賦販売等】
設例：次の資料に基づき当社の当期（平成29年4月1日～平成30年3月31日）における税務調整すべき金額を計算しなさい。

〔資料〕
（1） 9,000,000円で取得した土地を平成29年8月3日に取引先A社に対して20,000,000円（時価相当額）で譲渡し、譲渡対価から譲渡直前の帳簿価格及び販売手数料1,000,000円を控除した残額を雑収入として計上している。
（2） この譲渡は分割払いの方法により代金の支払いが行われることとなっており、その内容は以下のとおりである。
　①支払回数　30回（頭金を除く）
　②支払い方法　譲渡日に頭金の1,000,000円を支払い、残額は平成29年10月末日を初回として支払いを行う以降、平成32年3月末日まで、毎月末、均等分割払いにより行う。なお、当期末まで支払いの滞りはない。
（3） 当社はこの譲渡につき延払基準により処理を行っており、当期において1,250,000円を延払利益として計上している。なお、延払基準の適用にあたっては上記以外の要件は満たしているものとする。

【解答】
（1） 税務上延払利益
　①全体利益
　20,000,000円 − （9,000,000円 + 1,000,000円） = 10,000,000円
　②当期延払利益
　$10,000,000 円 \times \dfrac{2,800,000 円（※）}{20,000,000 円}$（賦払金割合）= 1,400,000円
　（※） $1,000,000 円 + (10,000,000 円 − 1,000,000 円) \times \dfrac{6 回}{30 回} = 2,800,000 円$

(2) 会計上延払利益

1,250,000 円

(3) 調整金額

(1) − (2) = 150,000 円……延払利益計上もれ（加算）

【解説】
　延払基準の適用要件については、①賦払回数は頭金1回+30回＝31回で3回以上分割して支払いの対価を受けている。②賦払期間は平成29年8月4日から平成32年3月31日までであるから2年を超えている。したがって、延払基準の適用ができる。
　当期中に支払期日が到来する割賦金については、頭金と10月末日を1回目として3月末日まで6回期限が到来している。

【工事進行基準】
設例：当社は以下のような工事を請け負っており、工事進行基準の方法により経理している。これに基づき当期において税務調整すべき金額を計算しなさい。

①工事請負金額	500,000,000 円
②当期末における見積工事原価の総額	400,000,000 円
③当期末における見積工事利益の額	100,000,000 円
④当期末における実際工事原価の累計額	200,000,000 円
⑤前期末までに計上した税務上の工事利益の額	20,000,000 円
⑥当期の工事利益計上額	27,500,000 円

【解答】
(1) 税務上工事利益

$$100,000,000 \text{円} \times \frac{200,000,00 \text{円}}{400,000,00 \text{円}} - 20,000,000 \text{円} = 30,000,000 \text{円}$$

(2) 会社上工事利益

27,500,000 円

(3) 調整金額

(1) − (2) = 2,500,000 円……工事利益計上もれ（加算）

【解説】
　工事進行基準によって工事利益を計算する場合は、工事進行割合をもとに当期末に計上すべき工事利益から前期末までに計上した税務上の工事利益を差し引くことで、当期に帰属する工事利益を計算する。

3 | 有価証券の譲渡損益と期末評価

(1) 有価証券の範囲
　法人税法において有価証券とは、金融商品取引法2条1項に規定する有価証券その他これに準ずるもので政令で定めるもの（自己が有する自己の株式又は出資及びデリバティブ取引に係るものを除く。）をいう（法法2二十一）。
　この有価証券は、例えば、①国債証券、②地方債証券、③社債券、④日本銀行等が発行する出資証券、⑤株券、⑥投資信託の受益証券、⑦貸付信託の受益証券等であり、また、合名会社、合資会社又は合同会社の社員の持分、協同組合等の組合員の持分等が含まれる（法令11）。

(2) 有価証券の譲渡損益の計算方法及び計上時期
　法人が有価証券の譲渡をした場合には、原則として契約をした日（約定日）の属する事業年度において、その譲渡に係る利益金額（①譲渡対価－②譲渡原価＞0）又は譲渡損失額（①譲渡対価－②譲渡原価＜0）を、その事業年度の益金の額又は損金の額に算入する（法法61の2①）。
　①　その有価証券の譲渡に係る対価の額（配当等の額とみなす金額（法法24①）を控除した金額）
　②　その有価証券の譲渡に係る原価の額（その有価証券について法人が選択した一単位当たりの帳簿価額の算出の方法によって算出した金額にその譲渡をした有価証券の数を乗じて計算した金額）

(3) 有価証券の譲渡原価の計算
　有価証券の譲渡原価の額は、その有価証券について法人が選択した一単位当たりの帳簿価額に、その譲渡をした有価証券の数を乗じて計算した金額で

ある。

　　譲渡原価の額＝一単位当たりの帳簿価額×譲渡した有価証券の数

（4）有価証券の一単位当たりの帳簿価額

　有価証券の一単位当たりの帳簿価額は、①売買目的有価証券、②満期保有目的等有価証券、③その他有価証券の区分ごとに、かつ、その銘柄を同じくするものごとに、（ア）移動平均法又は（イ）総平均法によって算出される（法令119の２①②、119の12、法規27、27の5）。なお、算出方法を選定しなかった場合、又は選定した方法により算出しなかった場合には、移動平均法による（法令119の5、119の7①）。

　（ア）移動平均法とは、有価証券をその銘柄の異なるごとに区別し、その銘柄を同じくする有価証券の取得をする都度その有価証券のその取得の直前の帳簿価額とその取得をした有価証券の取得価額との合計額をこれらの有価証券の総数で除して平均単価を算出し、その算出した平均単価をもってその一単位当たりの帳簿価額とする方法をいう（法令119の２①一）。

$$\text{一単位当たりの帳簿価額} = \frac{\text{取得直前の帳簿価額} + \text{新たに取得した取得価額}}{\text{取得直前の有価証券の数} + \text{新たに取得した有価証券の数}}$$

　（イ）総平均法とは、有価証券をその銘柄の異なるごとに区別し、その銘柄の同じものについて、当該事業年度開始の時において有していたその有価証券の帳簿価額と当該事業年度において取得をしたその有価証券の取得価額の総額との合計額をこれらの有価証券の総数で除して平均単価を算出し、その算出した平均単価をもってその一単位当たりの帳簿価額とする方法をいう（法令119の２①二）。

$$\text{一単位当たりの帳簿価額} = \frac{\text{事業年度開始時の帳簿価額} + \text{その事業年度中に取得した取得価額}}{\text{事業年度開始時の有価証券の数} + \text{その事業年度中に取得した有価証券の数}}$$

（5）有価証券の取得価額

　有価証券の譲渡損益の額は、譲渡対価の額から譲渡原価の額を控除して計算するが、譲渡原価の額の計算を行うときの一単位当たりの帳簿価額は、有価証券の取得価額を基礎としている。そこで、有価証券の取得価額について

は、その取得方法に応じて取得価額の計算方法が定められている（法令119①）。そのうち一部は以下のとおりである。

区分	取得価額
購入した有価証券	購入代価＋購入手数料その他購入のために要した費用
金銭の払込み等により取得した有価証券	払込金額＋払込み等取得のために要した費用
無償により取得した株式又は新株予約権	ゼロ
有利発行による払込み等により取得した有価証券	取得の時における有価証券の取得のために通常要する価額

（6）有価証券の期末評価

① 売買目的有価証券の期末評価額

法人が事業年度終了の時に有する売買目的有価証券は、時価法により評価した金額をもって、事業年度終了時の評価額とする（法法61の3①一）。

時価法とは、事業年度終了の時において有する有価証券を銘柄の異なるごとに区別し、その銘柄を同じくする有価証券について、事業年度終了の日の時価等にその有価証券の数を乗じて計算した金額とする（法令119の13）。

また、売買目的有価証券について時価評価することにより生じる評価益又は評価損の金額は、その事業年度の所得の金額の計算上、益金の額又は損金の額に算入する（法法61の3②）。

② 売買目的外有価証券の期末評価額

法人が事業年度終了の時に有する売買目的外有価証券（売買目的有価証券以外の有価証券をいう。）は、原価法により評価した金額をもって、事業年度終了時の評価額とする（法法61の3①二）

ア 原価法

原価法とは、事業年度終了の時において有する有価証券（以下「期末保有有価証券」という。）について、その時における帳簿価額（償還期限及び償還金額の定めのある有価証券にあっては、当該帳簿価額と当該償還金額との差額のうち当該事業年度に配分すべき金額を加算し、又は減算した金額）をもって当該期末保有有価証券のその時における評価額とする方法をいう（法法61の3①

二)。
　イ　償却原価法
　内国法人が事業年度終了の時において有する償還期限及び償還金額の定めのある売買目的外有価証券(償還期限に償還されないと見込まれる新株予約権付社債その他これに準ずるものを除く。以下「償還有価証券」という。)のその時における帳簿価額は、その償還有価証券を銘柄の異なるごとに区別し、その銘柄の同じものについて、その償還有価証券の当期末調整前帳簿価額(この規定を適用する前の帳簿価額をいう。)にその償還有価証券の当該事業年度に係る調整差益又は調整差損に相当する金額を加算し、又は減算した金額とする(法令119の14、139の2①)。

(7) デリバティブ取引

　デリバティブ取引とは、金利、通貨の価格、商品の価格その他の指標の数値としてあらかじめ当事者間で約定された数値と将来の一定の時期における現実の当該指標の数値との差に基づいて算出される金銭の授受を約する取引又はこれに類似する取引等をいう(法法61の5①)。
　内国法人がデリバティブ取引を行った場合において、当該デリバティブ取引のうち事業年度終了の時において決済されていないもの(為替予約取引等を除く。以下「未決済デリバティブ取引」という。)があるときは、その時において当該未決済デリバティブ取引を決済したものとみなして算出した利益の額又は損失の額に相当する金額(「みなし決済損益額」という。)は、当該事業年度の所得の金額の計算上、益金の額又は損金の額に算入する(法法61の5①)。
　なお、デリバティブ取引のうち、①外貨建資産等の円換算額を確定させるための先物外国為替契約等(為替予約取引)および②金利変動損失を減少させるための金利スワップ取引等のうち一定の要件を満たす取引については、上記のような時価評価は行わない(法法61の5①かっこ書)。

【有価証券の譲渡原価及び期末評価】
　設例：次の資料に基づき、当社の当期(平成29年4月1日～平成30年3月

31 日）における税務調整すべき金額を求めなさい。
〔資料〕
（１） A社株式（売買目的有価証券）の取得および譲渡の状況は以下のとおりである。なお、当期末における帳簿価額（時価評価前）は 13,000 円である。

日付	取得株式数	譲渡株式数	単価	金額
平成 29 年 6 月 1 日	500 株	一株	110 円	55,000 円
平成 29 年 9 月 11 日	一株	200 株	130 円	26,000 円
平成 29 年 12 月 19 日	300 株	一株	120 円	36,000 円
平成 30 年 2 月 7 日	一株	400 株	130 円	52,000 円

（２） 当期末において当社は時価評価益として 15,000 円を収益計上している。なお、当期末における A 社株式の時価は一株あたり 140 円である。
（３） A 社株式について当期中に配当はなかったものとする。
（４） 当社は有価証券の一単位あたりの帳簿価額の算出方法について何ら選定の届出を行っていない。

【解答】
（１）帳簿価額
①税務上簿価
　（イ）単価
$$\frac{110 円 \times 300 株（※）+ 120 円 \times 300 株}{300 株 + 300 株} = 115 円$$
　　（※）500 株 − 200 株 = 300 株
　（ロ）税務上簿価
　　115 円 × 200 株（※）= 23,000 円
　　（※）500 株 − 200 株 + 300 株 − 400 株 = 200 株
②会社上簿価
　13,000 円
③調整金額
　①−② = 10,000 円 …… A 社株式計上もれ（加算）
（２）時価評価

①税務上時価評価益
　140円×200株−23,000円＝5,000円
②会社上時価評価益
　15,000円
③調整金額
　①−②＝−10,000円……A社株式時価評価益否認（加算）

【解説】
（1）帳簿価額
　法人税の調整計算においては、期末の帳簿価額を調整することによって譲渡損益も調整する。したがって、税務上の簿価を算出すると、会社上の利益よりも税務上の利益が大きいことから、会社上の簿価との差額を加算することによって税務上の譲渡益を増加させる調整を行う。なお、一単位あたりの帳簿価額の算出方法について何ら選定されていないことから、移動平均法を用いることになる。

（2）時価評価
　（1）で算出した税務上の簿価と当期末の時価を比較し、税務上の時価評価益を計算する。その税務上の時価評価益とを比較し、本問では会社上の時価評価益は税務上の時価からすると計上しすぎているので、過大に計上している時価評価益を取り消す調整を行うことになる。

4 | 固定資産の譲渡収益

　固定資産の譲渡による収益の額は、原則として、その引渡しがあった日の属する事業年度の益金の額に算入する（法基通2-1-14）。また、固定資産の引渡しの日がいつであるかについては、棚卸資産の場合と同様である（法基通2-1-14（注）、2-1-2）。
　ただし、その固定資産が土地、建物その他これらに類する資産である場合において、法人が当該固定資産の譲渡に関する契約の効力発生の日の属する事業年度の益金の額に算入しているときは、法人のこの取扱いが認められる

(法基通2-1-14但書)。

【固定資産の譲渡収益の取扱い】

下記以外の固定資産		引渡しがあった日
土地、建物その他これらに類する資産	原則	引渡しがあった日
	例外	契約の効力発生の日

5 | 受取配当等の益金不算入

(1) 受取配当等の益金不算入制度の概要

現行の税制において、法人税は所得税の前払いとする法人擬制説の考え方が、基本的には採用されている。したがって、法人の段階で納付した法人税に相当する金額を、その配当等を受けた個人が納付する所得税額から控除するという仕組みになっている（所法92）。

このため、内国法人とその株主である個人との中間段階に、他の法人が株主として存在するときは、その中間段階にある法人が受け取る配当等の額のにそのまま課税すると、最終的に個人段階で納付する所得税額から法人税相当額を控除する際に、中間段階で法人税が課税された回数に応じて、その都度、配当控除額を定めなければならない。しかし、そのような計算は技術的に不可能であることから、株主である法人が受け取った配当等の額については、益金の額に算入しないこととしてこの問題を解決している。

なお、法人企業の投資目的での株式保有の高まり等の諸情勢も考慮し、持株比率が低い株式等に係る配当等の額については、二重課税を完全には調整せず、益金の額に算入することとしている。

【配当等に係る二重課税排除の仕組み】

（2）益金不算入の対象となる受取配当等の範囲

受取配当等の益金不算入の規定は、法人・個人間の二重課税を排除するという趣旨からであり、その適用を受ける剰余金の配当もしくは利益の配当又は剰余金の分配は、株式等又は出資に係るものに限られる。そこで、同じ配当という用語が使われていても、益金不算入になるものとならないものとがある。

また、内国法人が外国子会社（その内国法人の持株割合が25％以上で、かつ、その配当等の支払義務が確定する日以前6か月以上引き続き保有しているもの）から受ける剰余金の配当等については、一定の申告要件を条件に、外国子会社から受ける配当等の額の95％相当額を、その内国法人の各事業年度の所得の金額の計算上、益金の額に算入しないこととしている（法法23の2、法令22の4）。これは、外国子会社の利益を国内に還流させる環境整備が求められる中、税制の中立性の観点に加え、二重課税の排除及び税制の簡素化の観点から設けられた。

① 益金不算入となるもの
　ア　剰余金の配当（株式等に係るものに限る。資本剰余金の額の減少に伴うものを除く。）若しくは利益の配当又は剰余金の分配（出資に係るものに限る。）の額（法法23①一）
　イ　投資信託及び投資法人に関する法律137条の金銭の分配（出資総額等の減少に伴う金銭の分配を除く。）の額（法法23①二、法規8の4）
　ウ　資産の流動化に関する法律115条1項（中間配当）に規定する金銭の分配の額（法法23①三）
　エ　特定株式投資信託（外国株価指数連動型特定株式投資信託を除く。）の収益の分配額（措法67の6）

② 益金不算入とならないもの
　ア　外国法人、公益法人等又は人格のない社団等から受ける配当等の額（法法23①）
　イ　保険会社の契約者配当の額（法法60①）
　ウ　協同組合等の事業分量配当等の額（法法60の2）
　エ　公社債投資信託、外国投資信託及び証券投資信託の収益の分配の額

オ　特定目的会社及び投資法人から受ける配当等の額（措法67の14⑥、67の15⑥）

【受取配当等の範囲のまとめ】

	対象となるもの	対象とならないもの
配当等	・期末配当 ・中間配当 ・出資分量分配金 ・みなし配当 　　　　　　　　など	・外国法人からの配当 ・公益法人又は人格のない社団等からの配当 ・事業分量分配金 ・基金利息（利息の配当） ・契約者配当金 　　　　　　　　　　　　　　など
投資信託の収益分配金	・特定株式投資信託	・公社債投資信託 ・外国株価指数連動型特定株式投資信託 ・その他の証券投資信託

③　短期保有株式等の適用除外

　短期保有株式等については益金不算入規定の適用はない（法法23②）。短期保有株式等とは、配当等の額の元本である株式等をその配当等の額の支払いに係る基準日以前の1月以内に取得し、かつ、その株式等又はその株式等と銘柄を同じくする株式等を基準日後2月以内に譲渡した場合のその株式等をいう。この短期保有株式等については、個人株主が配当の支払いに係る基準日の直前に株式を配当含み価額で法人に譲渡し、配当の権利確定後に配当落価額で買い戻すことにより、法人が受けるその株式等に係る配当等の額は益金不算入となり、さらに法人における買入価額と売却価額との差額は損金の額に算入される結果となることから、配当等の額に対する課税を回避する行為を防止するために益金不算入規定を適用しない。

　基準日の前後で同一銘柄の株式等を売買している場合には、それらが平均的に譲渡されたものとして、以下の計算式により短期保有株式等の数の計算をする（法令19）。

$$\text{短期保有株式等の数} = \text{基準日後2か月以内に譲渡した株式等の数} \times \frac{\text{基準日現在の株式等の数} \times \frac{\text{基準日以前1か月以内に取得した株式等の数}}{\text{基準日から起算して1か月前の日現在の株式等の数} + \text{基準日以前1か月以内に取得した株式等の数}}}{\text{基準日現在の株式等の数} + \text{基準日後2か月以内に取得した株式等の数}}$$

(3) 益金不算入額の計算

① 益金不算入額の計算

法人の保有する株式等を以下の（ア）完全子法人株式等、（イ）関連法人株式等、（ウ）その他の株式等、（エ）非支配目的株式等、の４つのグループに分けて、それぞれ定められた算式により計算した額の合計額が受取配当等の益金不算入額となる（法法23①④⑤⑥⑦）。なお、受取配当等の益金不算入の対象に含まれる特定株式投資信託以外の証券投資信託については、全額が益金算入となる。

（ア）完全子法人株式等

完全子法人株式等とは、その配当等の計算期間（前回の配当等の支払いに係る基準日の翌日からその配当等の支払いに係る基準日までの期間をいう（法令22の2②）。）の初日からその計算期間の末日まで継続して、完全支配関係があった内国法人の株式等をいう（法法23⑤、法令22の2①）。

完全子法人株式等に係る受取配当等の額は、その全額が益金不算入となる。

（イ）関連法人株式等

関連法人株式等とは、法人が他の内国法人（公益法人等及び人格のない社団等を除く。）の発行済株式等（当該他の内国法人が保有する自己株式等を除く。）の３分の１超を配当等の計算期間の末日まで６か月以上継続して保有している場合におけるその株式等（上記（ア）完全子法人株式等に該当するものを除く。）をいう（法法23⑥、法令22の3）。

関連法人株式等に係る受取配当等の額は、受取配当等の額から当期中に支払う負債の利子の額のうち、関連法人株式等に対応する金額を控除した金額が益金不算入となる（法法23④、法令22）。

（ウ）その他の株式等（（ア）（イ）（エ）以外の株式等）

その他の株式等とは、法人が他の内国法人（公益法人等及び人格のない社団等を除く。）の発行済株式等（当該他の内国法人が保有する自己株式等を除く。）の５％超〜３分の１以下を保有している場合におけるその株式等をいう（法法23①）。

その他の株式等に係る受取配当等の額は、50％が益金不算入となる。

（エ）　非支配目的株式等

　非支配目的株式等とは、法人が他の内国法人（公益法人等及び人格のない社団等を除く。）の発行済株式等（当該他の内国法人が保有する自己株式等を除く。）の5％以下を、配当等の支払いに係る基準日において保有している場合におけるその株式等をいう（法法23⑦、法令22の3の2①）。

・なお、特定株式投資信託（外国株価指数連動型特定株式投資信託を除く。）の収益の分配額については、非支配目的株式等と同様の取扱いをする（措法67の6①）。

・非支配目的株式等に係る受取配当等の額は、20％が益金不算入となる。

【株式等の区分と益金不算入額の算式】

区　分	益金不算入額の算式	益金不算入額
（ア）完全子法人株式等（株式等保有割合が100％のもの）	完全子法人株式等に係る配当等の額（全額）	（ア）〜（エ）の合計額
（イ）関連法人株式等（株式等保有割合が1/3を超えるもの）	関連法人株式等に係る配当等の額—関連法人株式等に係る負債利子額	
（ウ）その他の株式等（株式等保有割合が5％超1/3以下のもの）	その他の株式等に係る配当等の額×50％	
（エ）非支配目的株式等（株式等保有割合が5％以下のもの）	非支配目的株式等に係る配当等の額×20％	

②　関連法人株式等に対応する負債利子の控除

　受取配当等の額から控除する負債利子の額は、次のア又はイのいずれかの方法で計算する。法人は、事業年度によって、総資産あん分方式と簡便法とのどちらを選択しても構わない。

ア．総資産あん分方式（原則）（法令22①②）

　総資産あん分方式は、当期中に支払う負債利子の総額に、総資産の帳簿価額に占める関連法人株式等の帳簿価額の割合を乗じて計算する。

$$当期支払負債利子の総額 \times \frac{当期末及び前期末の関連法人株式等の帳簿価額の合計額}{当期末及び前期末の総資産の帳簿価額の合計額}$$

イ．簡便法

　簡便法として、基準年度（平成27年4月1日から平成29年3月31日までの

間に開始した各事業年度）の控除割合で負債利子の控除額を計算する方法も認められる（法令22④）。

$$当期支払負債利子の総額 \times \underbrace{\frac{基準年度の関連法人株式等に係る負債利子の額として原則法により計算した金額の合計額}{基準年度の支払負債利子総額}}_{\substack{関連法人株式等に係る負債利子控除割合 \\ （小数点以下3位未満端数切捨て）}}$$

（4）みなし配当

　法人から資本の払戻し等の理由により株主に対して金銭その他の資産が交付されることがある。その交付につき剰余金の配当等と呼ばれていなくても、実質的には、配当等と同じ性格のものがある。これを税法上、みなし配当と呼ぶ。これを受けた法人については、通常の配当等と同様に受取配当等の益金不算入の取扱いが適用される。税法上、みなし配当金額とは、株主（出資者）が、その株式（出資）の発行法人からその法人の次の（ア）～（オ）の事由により金銭その他の資産の交付を受けた場合におけるその金銭の額及び金銭以外の資産の価額の合計額のうち、その交付の基因となった株式（出資）に対応する発行法人の資本金等の額を超える部分の金額をいう（法法24①、法令23）。

（ア）税制非適格の合併又は分割型分割
（イ）資本の払戻し（資本剰余金の額の減少に伴う金銭の分配）又は解散による残余財産の分配
（ウ）自己株式（出資）の取得（市場での買付け等又は一定の種類株式の取得でその対価として自社の株式・新株予約権のみを交付するものを除く。）
（エ）出資の消却や払戻し、合名会社、合資会社又は合同会社からの退社や協同組合等からの脱退による持分の払戻しその他株式（出資）を発行法人が取得することなく消滅させること
（オ）組織変更（発行法人の株式（出資）以外の資産を交付したもの）

【みなし配当の仕組み】

みなし配当金額の計算式は次のとおりである。

みなし配当金額 = 交付を受けた金銭の額及びその他の資産の価額の合計額 − 発行法人の資本金等の額のうちその交付の基因となった株式等に対応する部分の金額

【受取配当等の益金不算入額の計算①】
設例：次の資料に基づき、当社の当期（平成29年4月1日〜平成30年3月31日）における受取配当等の益金不算入額を計算しなさい。
〔資料〕
(1) 当期において受け取った配当等の額は次のとおりである。

銘柄等	区　分	配当等の計算期間	受取配当等の額
A株式	確定配当金	平28.4.1〜平29.3.31	500,000円
B株式	確定配当金	平28.10.1〜平29.9.30	300,000円
C株式	確定配当金	平28.5.1〜平29.4.30	50,000円

（注）当社のA株式の保有割合は50％、B株式の保有割合は30％、C株式の保有割合は2％である。なお、いずれの株式も数年前から保有しており保有割合に異動はなかった。

(2) 受取配当等の額から控除すべき負債利子の額の計算に必要な資料は次のとおりである。
　① 原則法により計算される金額　　86,000円
　② 簡便法により計算される金額　　89,000円

【解答】
(1) 受取配当等の額
　① 関連法人株式等　　　　　　　500,000円

② その他の株式等　　　　　300,000 円
　　　③ 非支配目的株式等　　　　 50,000 円
　(2) 控除負債利子の額
　　　① 原則法　　　　　　　　　 86,000 円
　　　② 簡便法　　　　　　　　　 89,000 円
　(3) 益金不算入額
　　　① 原則法
　　　　（500,000円 − 86,000円）＋ 300,000円 × 50％ ＋ 50,000円 × 20％ ＝ 574,000円
　　　② 簡便法
　　　　（500,000円 − 89,000円）＋ 300,000円 × 50％ ＋ 50,000円 × 20％ ＝ 571,000円
　　　③ 574,000 円 ＞ 571,000 円　∴ 574,000 円

【解説】
　株式保有割合から、A 株式は関連法人株式等、B 株式はその他の株式等、C 株式は非支配目的株式等に分類される。益金不算入額の計算にあたって、関連法人株式等は控除負債利子を控除する。また、その他の株式等は 50％ を、非支配目的株式等は 20％ をそれぞれ乗じて計算する。原則法と簡便法を比較して大きい方が有利なので、原則法で計算した金額が益金不算入額となる。

【受取配当等の益金不算入額の計算②】
設例：次の資料に基づき、当社の当期（平成 29 年 4 月 1 日～平成 30 年 3 月 31 日）における受取配当等の益金不算入額を計算しなさい。
〔資料〕
　(1) 当期において受け取った配当等の額は次のとおりである。

区分	受取配当等の額
A 株式配当金	300,000 円
B 株式配当金	250,000 円
C 株式配当金	150,000 円
D 協同組合事業分量分配金	70,000 円
E 特定株式投資信託収益分配金	50,000 円

（注1） A株式の配当計算期間は平成28年9月1日から平成29年10月31日（基準日）までであるが、A株式の異動状況は次のとおりである。
　① 配当等の支払に係る基準日から起算して1か月前の株式数
　　　　　　　　　　　　　　　　　　　　　　　　40,000株
　② 配当等の支払に係る基準日以前1か月以内に取得した株式数
　　　　　　　　　　　　　　　　　　　　　　　　10,000株
　③ 配当等の支払に係る基準日現在の株式数　　　50,000株
　④ 配当等の支払に係る基準日後2か月以内に取得した株式数
　　　　　　　　　　　　　　　　　　　　　　　　40,000株
　⑤ 配当等の支払に係る基準日後2か月以内に譲渡した株式数
　　　　　　　　　　　　　　　　　　　　　　　　10,000株
（注2） A株式、B株式及びC株式は、いずれも関連法人株式等に該当する。
（注3） 控除負債利子は30,000円である。

【解答】

(1) 短期保有株式等対応分

$$10{,}000\text{株} \times \dfrac{50{,}000\text{株} \times \dfrac{10{,}000\text{株}}{40{,}000\text{株}+10{,}000\text{株}}}{50{,}000\text{株}+30{,}000\text{株}} = 1{,}250\text{株}$$

$$\dfrac{300{,}000\text{円}}{50{,}000\text{株}} \times 1{,}250\text{株} = 7{,}500\text{円}$$

(2) 受取配当等の額

　① 関連法人株式等
　　（300,000円 − 7,500円）+ 250,000円 + 150,000円 = 692,500円

　② 非支配目的株式等
　　50,000円

(3) 控除負債利子の額
　　30,000円

(4) 益金不算入額
　　（692,500円 − 30,000円）+ 50,000 × 20% = 672,500円

【解説】
(1) A株式は、短期保有株式等に該当する。株式の取得・譲渡の状況は以下のとおりである。なお、短期保有株式等に該当する7,500円分は受取配当等の益金不算入の規定を適用しないので、A株式に係る受取配当等の額300,000円から控除する。

(2) D協同組合事業分量分配金は、受取配当等の益金不算入額の対象とはなっていない。

(3) E特定株式投資信託収益分配金は、非支配目的株式等に区分される。

> **Column　統計データからみる法人の実態**
>
> 　国税庁の統計データである平成26年度の『会社標本調査』によれば、法人全体の受取配当等の金額の合計は約11兆3,609億円となっており、そのうち益金不算入額に計上したのは約9兆9,737億円となっている。
> 　また、外国法人から受けた配当等に係る益金不算入額は約5兆8,781億円となっている。
> 出典：国税庁 長官官房 企画課『平成26年度分　会社標本調査　─調査結果報告─税務統計から見た法人企業の実態』（平成28年3月）https://www.nta.go.jp/kohyo/tokei/kokuzeicho/kaishahyohon2014/pdf/h26.pdf

6　資産の評価益

　内国法人が、その有する資産の評価換えをしてその帳簿価額を増額した場合には、原則として、その増額した部分の金額は、その内国法人の各事業年度の所得の金額の計算上、益金の額に算入しない（法法25①）。また、会計上、評価換えにより増額された金額を益金の額に算入されなかった資産につ

いては、その評価換えをした日の属する事業年度以後の各事業年度の所得の金額の計算上、当該資産の帳簿価額は、その増額がされなかったものとみなす（法法25④）。

このように法人税法においても、企業会計と同様に一定の場合を除いて、未実現の利益である評価益の計上は、原則として認めていない。

ただし、内国法人がその有する資産につき会社更生法や民事再生法による更生計画認可の決定があったことによる評価換え等を原因として、その帳簿価額を増額した場合には、その増額した部分の金額は、前項の規定にかかわらず、これらの評価換えをした日の属する事業年度の所得の金額の計算上、益金の額に算入する（法法25②③）。

【資産の評価益の取扱い】

原則	益金不算入（帳簿価額は増額されなかったものとみなす）
例外	会社更生法や民事再生法による更生計画の認可決定に係る評価益は益金算入

7 | 受贈益・債務免除益

内国法人が無償（又は低廉な価額）で資産を譲り受けた場合、受贈益として当該事業年度の収益の額とする（法法22②）。また、債務の支払いを免除された場合も債務免除益として当該事業年度の収益の額とする。

この受贈益や債務免除益が、益金の額に算入される理由は、法人が無償で資産を譲り受けたり、債務の免除を受けた場合には、資産の時価相当額又は債務の免除を受けた金額に相当する経済的利益を受けたことになることから、それらの価額だけ法人の純資産が増加することになるからである。

なお、法人が以下の(1)～(3)のような広告宣伝用資産等を無償又は低廉な価額で取得した場合については、その経済的利益の額は、製造業者等のその資産の取得価額の3分の2に相当する金額から販売業者等がその取得のために支出した金額を控除した金額とし、当該金額（同一の製造業者等から2以上の資産を取得したときは当該金額の合計額）が30万円以下であるときは、経済的利益の額はないものとする（法基通4-2-1）。

(1) 自動車（自動三輪車及び自動二輪車を含む。）で車体の大部分に一定の色彩を塗装して製造業者等の製品名又は社名を表示し、その広告宣伝を目的としていることが明らかなもの
(2) 陳列棚、陳列ケース、冷蔵庫又は容器で製造業者等の製品名又は社名の広告宣伝を目的としていることが明らかなもの
(3) 展示用モデルハウスのように製造業者等の製品の見本であることが明らかなもの
(注) 広告宣伝用の看板、ネオンサイン、どん帳のように、専ら広告宣伝の用に供される資産については、その取得による経済的利益の額はない。

【受贈益・債務免除益の取扱い】

| 受贈益・債務免除益 | 当該事業年度の収益の額に算入する。 |
| 広告宣伝用資産等 | 収益の額に算入しない。 |

8 還付金等の益金不算入

　法人が法人税や地方税である住民税（都道府県民税、市町村民税）等を納めすぎた場合は還付されるが、この還付金は、益金に算入されない。この還付金が益金の額に算入されない理由は、それらの法人税等は、法人の所得等を課税標準として課税され、その所得の中から支払われるべきものであり、課税所得金額の計算上損金の額に算入されない（法法38）。このように、納付しても損金の額に算入されない法人税等が過誤納等により還付された場合には、その還付金の受入れによる収益は益金の額に算入されない。また、還付を受ける金額が他の未納の税額に充当される場合も同様である（法法26）。したがって、納付したとき損金とならなかった法人税等の還付金を益金として所得の計算を行えば、二重課税になるからである。

　ただし、当該還付に係る還付加算金や損金の額に算入される事業税等に係る還付金については法人税法26条の適用から除外されているため益金の額に算入される。

【還付金等の取扱い】

損金不算入の租税公課に係る還付金（例：法人税、住民税など）	益金不算入
損金算入の租税公課に係る還付金（例：事業税、還付加算金など）	益金算入

※還付加算金とは、還付金に付される利子のことをいう。

> **Column　統計データからみる給与の実態**
>
> 　平成27年12月31日現在の給与所得者数は、5,646万人（対前年比1.0％増、54万人の増加）となっている。また、平成27年中に民間の事業所が支払った給与の総額は204兆7,809億円（同0.8％増、1兆7,000億円の増加）で、源泉徴収された所得税額は8兆9,898億円（同1.0％増、880億円の増加）となっている。
>
> 　1年を通じて勤務した給与所得者数は、4,794万人で、その平均給与は420万円となっている。男女別にみると、給与所得者数は男性2,831万人、女性1,963万人で、平均給与は男性521万円、女性276万円となっている。正規、非正規の平均給与についてみると、正規485万円、非正規171万円となっている。
>
> 出典：国税庁 長官官房 企画課『平成27年分　民間給与実態統計調査　―調査結果報告―』（平成28年9月）http://www.nta.go.jp/kohyo/tokei/kokuzeicho/minkan2015/pdf/001.pdf

第4章　損金の額の計算

「損金の額」については、法人税法第22条第3項に以下のように定められている。

内国法人の各事業年度の所得の金額の計算上当該事業年度の損金の額に算入すべき金額は、別段の定めがあるものを除き、次に掲げる額とする。
一　当該事業年度の収益に係る売上原価、完成工事原価その他これらに準ずる原価の額
二　前号に掲げるもののほか、当該事業年度の販売費、一般管理費その他の費用（償却費以外の費用で当該事業年度終了の日までに債務の確定しないものを除く。）の額
三　当該事業年度の損失の額で資本等取引以外の取引に係るもの

以下では、原価（上記一号）、費用（上記二号）等につき、それぞれ見てゆくこととする。

1 ｜ 棚卸資産

（1）棚卸資産とはどのようなものか

棚卸資産とは、商品、製品、半製品、仕掛品、原材料その他の資産（有価証券等を除く）で棚卸しをすべきもの、と定められている（法法2二十）。

ここで、「棚卸し」とは、事業年度末に残っている商品や製品などの在庫の数量をかぞえ、在庫の金額がどれだけあるかを計算することをいう。すなわち、「棚卸資産」とは事業年度末において、在庫の金額がどれだけあるかを計算することが必要な資産である。

「棚卸資産」とは、具体的には、次のものをいう（法令10）。
① 商品または製品（副産物および作業くずを含む）
② 半製品
③ 仕掛品（半成工事を含む）
④ 主要原材料
⑤ 補助原材料
⑥ 消耗品で貯蔵中のもの
⑦ その他①から⑥に準ずるもの

> **Column** 「半製品」と「仕掛品」の違いについて
> ②半製品　と　③仕掛品の違いは、「半製品」は、事業年度末において、一応完成されているが最終的な完成品ではないもの。それに対して「仕掛品」は事業年度末において、製品の製造過程にあるものの内、独立して販売できる未完成品のもの。「半製品」の例としてはパンの製造・小売業者が保管し、後は焼くだけの状態に成型された冷凍のパン生地が挙げられる。

　法人税法上の棚卸資産は、基本的には、企業会計上の棚卸資産と同じと言える。ただし、法人税法では、有価証券については、別にその期末評価の方法および取得価額の計算方法を別に定めており、たとえ売買目的で所有する有価証券であっても、棚卸資産には含まれないとされている（法法2二十一、61の2、61の3）。（「有価証券」については第3章3参照）

（2）棚卸資産の売上原価
　企業会計では、商品の売上原価の額は、前期から繰り越された当期の期首の商品棚卸高に当期の商品仕入高を加え、そこから当期の期末の商品棚卸高を控除して算定することにより決定される。製品についても同様の考え方で算定する。法人税法においても、この企業会計の算定方法を用いることとしている（法法22④）。
　商品の売上原価について、これを計算式で示すと次のようになる。

当期商品売上原価
　　　＝期首商品棚卸高（a）＋当期商品仕入高（b）－期末商品棚卸高（c）

　上記の売上原価を求める算式において、期首商品棚卸高（a）は既に前期末に確定しており、当期商品の仕入高（b）についても取引高は当期に仕入れた額を集計することにより確定できることから、当期売上原価の金額は、期末商品棚卸高（c）がいくらであるかが明らかになれば確定することになる。以下ではこの期末商品棚卸高（c）の計算方法を説明していくこととする。

（3）期末商品棚卸高の計算はどのように行うのか

　期末商品棚卸高とは、商品等の仕入高のうち当期の売上に対応しないものであり、いわゆる売れ残った商品分の仕入高である。この期末商品棚卸高は、法人がその事業年度終了の時に有する個々の棚卸資産の評価額を合算したものと言え、次の算式で求めることができる

　期末商品棚卸高＝１単位当たりの評価額×期末在庫数

　上記の、１単位当たりの評価額は、法人の選定した評価方法により、その種類、品質及び型の異なるごとに区分して決定される（法法29、法令28①）。

（4）棚卸資産の評価方法

　期末商品棚卸高の評価方法について、法人税法では、原価法と低価法が定められている。法人は、これらの中から適切な評価方法を選定し、継続して適用することとされている（法法29、法令28①）。
　イ　原価法
　原価法とは以下の６つの方法のうちいずれか一つによってその取得価額を算出し、その取得価額をその棚卸資産の評価額とする方法である。
　①個別法、②先入先出法、③総平均法、④移動平均法、⑤最終仕入原価法、⑥売価還元法
　①個別法（法令28①イ）

この方法は期末棚卸資産の全部について、その個々の取得価額をもって、期末評価額とする方法である。

②　先入先出法（法令28①ロ）

この方法は期末棚卸資産をその種類、品質および型の異なるごとに区別し、その種類等の同じ物について、先に仕入れ等したものから順次販売されていくとみなす、つまり、期末棚卸資産は、期末に最も近いときに取得をしたものから順次構成されているものとみなし、そのみなされた棚卸資産の取得価額をその評価額とする方法である。

③　総平均法（法令28①ハ）

この方法は期末棚卸資産をその種類等を異なるごとに区別し、その種類等の同じものについて、その期首に有していた棚卸資産の取得価額の総額と期末において取得した棚卸資産の取得価額の総額との合計額を、その棚卸資産の総数量で除して計算した価額をその1単位当たりの取得価額とする方法である。

④　移動平均法（法令28①ニ）

この方法は期末棚卸資産をその種類等に属する棚卸資産を取得した都度、その取得価額とそのときに有する棚卸資産の取得価額とを総平均して帳簿価額を定めるということを順次繰返し、期末から最も近い帳簿価格をもって期末評価額とする方法である。したがって、この方法を適用するためにはその計算の過程を帳簿に記録することが求められる。

⑤　最終仕入原価法（法令28①ホ）

この方法は期末棚卸資産をその種類等を異なるごとに区別し、その種類等の同じものについて、期末から最も近いときにおいて取得をしたものの取得価額を1単位当たりの取得価額として評価する方法である。

⑥　売価還元法（法令28①ヘ）

この方法はその種類等または通常の差益の率の同じ棚卸資産の期末における通常の販売価額の総額に原価の率を乗じて期末評価額とする方法である。

ロ　低価法

低価法とは、棚卸資産の期末評価額を、次のいずれか低い方の価額とする方法である（令28①ニ）

a 原価法のうち法人が選定した方法により評価した価額（原価）
b 期末におけるその棚卸資産の価額（税法上の時価）

設例：A商品の取引が、以下の（設例）であった場合、①個別法、②先入先出法、③総平均法、④移動平均法、⑤最終仕入原価法、⑥売価還元法のそれぞれについて、期末棚卸商品の取得単価の評価額はいくらであるか。

（設例）
　　期首棚卸高　　　3個　仕入単価　　400円　　合計1,200円
　　1回目の仕入　　　2個　仕入単価　　600円　　合計1,200円
　　1回目の販売　　　3個　販売単価　2,000円　　合計6,000円
　　2回目の仕入　　　3個　仕入単価　　800円　　合計2,400円
　　2回目の販売　　　3個　販売単価　2,200円　　合計6,600円
　　期末棚卸高　　　2個……単価の評価額はいくらであるか？
（1）なお、期末に残っていた商品は1回目に仕入れた物と2回目に仕入れた物とがそれぞれ1個づつである。
（2）また、在庫は単価2,000円で販売予定で、原価率は40％とする。

▷ 解　答

① 個別法

　（設例）の(1)より（600＋800）／2＝700(円)　となる。

② 先入先出法

　先入先出法は、先に仕入れ等したものから順次販売されていくとみなす、すなわち棚卸資産（在庫品）については、その事業年度終了のときから最も近いときにおいて取得をしたものから順次構成されているものとみなすので、設例では2回目の仕入3個のうち2個が在庫として残っていることになるため、単価800円となる。

③ 総平均法

　総平均法は、期首に有していた棚卸資産の取得価額の総額とその事業年度において取得した棚卸資産の取得価額の総額との合計額をこれらの棚卸資産の総数量で除して計算する方法であることから、

　　（1,200＋1,200＋2,400）／（3＋2＋3）＝600(円)　となる。

④ 移動平均法

　移動平均法は、棚卸資産を取得した都度、その取得価額とそのときに有する棚卸資産の取得価額とを総平均して単価を算出し、以後棚卸資産の取得の都度同様の計算を行って順次単価を改定して、期末から最も近いときに改定された単価をもってその期末棚卸資産の1単位当たりの取得価額とする方法である。設例では、まず1回目の仕入時点での単価を計算すると、

　　$(1,200+1,200)／(2+3)=480（円）$ となる。

次に2回目の仕入れを行った時点では、この480円の物が2個と、2回目に仕入れた800円の物3個とがあるわけなので、

　　$(480×2+800×3)／(2+3)=672（円）$ となる。

⑤ 最終仕入原価法

　最終仕入原価法は、事業年度終了のときから最も近いときに取得したものの単価をそのまま期末在庫の単価とする方法なので、2回目の仕入単価である800円となる。

⑥ 売価還元法

　売価還元法は、棚卸資産の通常の販売価額に原価の率を乗じて計算した金額をその取得価額とする方法なので、（設例）の（2）により、

　　$2,000円×40\%=800円$ となる。

（5）評価方法の選定・届出（法令29①）

　法人は、その営む事業の種類ごとに、①商品または製品、②半製品、③仕掛品、④主要原材料および⑤補助原材料その他の棚卸資産の区分ごとに、それぞれ評価方法を選定しなければならない。

　なお、法人が選定した評価方法については、次に掲げる法人の区分に応じて、その掲げる日の属する事業年度の確定申告書の提出期限までに書面により納税地の所轄税務署長に届出なければならない（法令29②）。

　　イ　新たに設立した法人は、設立の日
　　ロ　新たに収益事業を開始した公益法人等および人格のない社団等は、新たに収益事業を開始した日

ハ　設立後新たに他の種類の事業（②の収益事業を含む）を開始しまたは事業の種類を変更した法人は、他の種類の事業を開始しまたは事業の種類を変更した日

（6）法定評価方法（法法29①、法令31）

　法人が棚卸資産について、評価方法の届出をしなかった場合または届出た評価方法により評価しなかった場合には、最終仕入原価法により評価額を計算することとされている。

（7）評価方法の変更（法令30）

　法人が選定して届出た評価方法は、継続して適用しなければならないが、その評価方法を変更しようとするときは、その変更しようとする事業年度開始の日の前日までに所定の事項を記載した変更承認申請書を納税地の所轄税務署長に提出し、その承認を受けなければならない。（すなわち、進行中の事業年度においては評価方法の変更は行うことができない。）

（8）棚卸資産の取得価額

　棚卸資産の期末評価において法人がいかなる評価方法を選定しているとしても、棚卸資産の取得価額は棚卸資産の評価額の計算の基礎となる（評価額に含められる）ものである。法人税法施行令ではその棚卸資産の取得の態様に応じて棚卸資産の取得価額に含める費用の金額の範囲を以下の様に明らかにしている（法令32）。

　①　購入した棚卸資産

　購入した棚卸資産の取得価額は、イその資産の購入の代価のほか、ロ引取運賃、荷役費、運送保険料、購入手数料、関税その他その資産購入のために要した費用の額、ハその資産を販売の用に供する等のために直接要した費用の額の（イ～ハの）合計額である（法令32①一）。

　なお、購入代価以外の買入事務費、移管運賃、保管費用などの付随費用については、その合計額が僅少（購入代価のおおむね3％以内の金額）である場合には、その取得価額に算入しないことができる（すなわち支出した事業年度

の費用とすることができる）こととして取扱われている（法基通5-1-1）。

② 製造等をした棚卸資産

自己製造等（製造、採掘、採取、栽培、養殖その他これらに準ずる行為）をした棚卸資産の取得価額は、①その資産の製造等のために要した原材料費、労務費および経費の額と、②その資産を販売の用に供する等のために直接要した費用の額との合計額である（法令32①二）。

なお、製品の製造等の後、販売までの間に発生する検査・検定費用、移管費用、保管費用等の付随費用については、その合計額が僅少（製造原価のおおむね3％以内の金額）である場合には、その取得価額に算入しないことができる（すなわち支出した事業年度の費用とすることができる）こととして取扱われている（法基通5-1-3）。

③ その他の方法により取得した棚卸資産

購入または自己製造等以外の方法により取得した棚卸資産には、贈与、交換、債権の代物弁済等により取得した棚卸資産があり、その取得価額は、㋑その取得のときにおけるその資産の取得のために通常要する価額（時価）と、㋺その資産を販売の用に供する等のために直接要した費用の額、との合計額である（法令32①三）。

2 減価償却資産

法人が事業のために使用する建物、機械等の固定資産の取得のために要した費用は、その全額が一括して取得した事業年度の費用とされる、というわけではなく、減価償却という手続によって一定の期間の各事業年度に配分（費用配分）される。

以下、法人税法に定める減価償却資産の範囲、取得価額、減価償却の方法等について説明する。

（1）減価償却

法人が事業に使用する建物、機械等の固定資産（減価償却資産）について、時の経過及び使用によって価値が減少する、という点をとらえて、減価償却

資産の取得価額を一定の方法により使用可能期間にわたり費用化する手続を減価償却といい、その手続により各事業年度に配分され費用化される金額を減価償却費という。法人税法では、企業会計で一般的に認められている減価償却費を損金の額に算入することを認めている（法法22③）。

しかし、減価償却費は他の費用と異なり、実際の金銭の支出を伴わずに固定資産の価値減少分を法人内部の意思決定によって費用化するものであるので、減価償却費の計算の全てを法人の自主的な判断に任せた場合には、減価償却資産の帳簿価格の金額の範囲で任意に所得額を減少させることができることとなり、法人間の税負担の公平が確保できないこととなる。

そこで、その取得をした日及び法人が選択した償却の方法を基礎として、減価償却費の計算要素である①減価償却の基礎となる取得価額、②使用可能期間である耐用年数、③償却方法等の基本的事項を規定し、法定の範囲内（償却限度内）で減価償却費の損金算入を行うべきものであるとしている。（法法31）

（2）減価償却資産の範囲

固定資産（すなわち、「棚卸資産、有価証券及び繰延資産」以外の資産）のうち、減価償却の対象となるのは、時の経過または使用によりその価値が減少するもので、かつ、事業の用に供されているもの、に限られる。

したがって、法人税法では減価償却対象資産として掲げられているものは、①有形固定資産、②無形固定資産、③生物等である（法2二十三・法令13）。

以下、それぞれの資産について例示する。

① 有形固定資産

建物およびその付属設備（暖冷房設備、照明設備、昇降機等）、機械装置、車輌運搬具、船舶、航空機　など

② 無形固定資産

漁業権、特許権、ソフトウェア、営業権　など

③ 生物

牛、馬、かんきつ樹、茶樹　など

(3) 減価償却資産の取得価額

減価償却資産の取得価額は、その使用可能期間にわたって償却費として配分される費用の額の計算を行う際の基礎となる金額である。

例として、購入した減価償却資産の取得価額は次の金額の合計額にする（法令54）①）。

① 購入代価の額
② 引取運賃、荷役費、運送保険料、購入手数料、関税（附帯税を除く）その他その資産購入のために要した費用の額を加算した金額
③ その資産を事業の用に供するために直接要した費用の額

(4) 減価償却の方法

減価償却の方法は、平成19年3月31日以前に取得した資産と、平成19年4月1日以降に取得した資産では、方法が異なっている。更に、定率法については、平成24年4月1日以降に取得した資産については、それ以前に取得した資産とは方法が異なっている。本章では、減価償却について概略を掴んでもらうという観点から、以下では基本的に平成19年4月1日以降に取得した資産について（定率法については平成24年4月1日以降に取得した資産について）のみ説明する。

① 償却可能限度額

最終的には、取得価額の全額を償却することができる。（ただし、有形固定資産及び生物については備忘価額1円を除く。無形固定資産は備忘価額を考慮する必要がない。）

② 耐用年数

取得した減価償却資産の耐用年数は、実際には使用頻度や使用方法などにより異なるのであるが、法人税法では、法人の恣意的な判断を防止し、課税の公平を図る観点から、この耐用年数を「減価償却資産の耐用年数に関する省令」に資産の種類、構造、用途の異なるごとに細かく規定している。これを「法定耐用年数」という（法令56）。

③ 減価償却の方法

減価償却の方法には、償却費が耐用年数に応じて毎年同一額となるように

計算する方法（定額法）と、償却費が毎年一定の割合で逓減するように計算する方法（定率法）等がある。

　　イ　定額法

　　　償却費が毎年同一額となるように計算する方法であり、算式は以下のとおり。

　　　償却限度額＝取得価額×耐用年数省令別表第八の定額法の償却率

　　　ここで、償却率＝1／法定耐用年数

　　ロ　定率法

　　　償却費が毎年一定の割合で逓減するように計算する方法であり、算式は以下のとおり。

　　　償却限度額＝（取得価額－既に過去に損金の額に算入された償却額）
　　　　　　　　×定率法による償却率

　　ハ　上記イ、ロ以外に、生産高比例法、リース期間定額法などもある。

④　償却限度額と損金経理

　減価償却費の計算は、減価償却資産の取得のために支出された金額についてその資産の耐用年数における減価額を見積り、これを各事業年度に費用配分するための内部取引である。したがって法人内部の計算に基づく費用については、法人の主観あるいは恣意によって、その額が決定されるものであるため、法人税法では、課税の公平を図る観点から損金の額に算入する金額に一定の限度額を設けて、その範囲内での自主的な判断に任せることとし、その意思決定は確定した決算により行うものとしている（法法31①）。

　法人税法上、損金の額に算入される償却費の額は、次のうちいずれか少ない金額である。

　　イ　償却限度額
　　ロ　償却費として損金経理した金額

　この場合の「償却限度額」とは、法人が選定した定額法、定率法等の償却の方法に基づき、法人税法で定める法定耐用年数等を基礎として計算された金額をいう（法令58）。また、「償却費として損金経理した金額」とは、法人が確定した決算で減価償却費として経理した金額をいう（法法2二十五）。

したがって、法人の決算で計上した償却費が償却限度額に満たない場合の不足額（償却不足額）があったとしても、この不足額は損金の額には算入されない。

⑤　少額の減価償却資産の損金算入

減価償却資産を取得したときには、これを資産に計上し事業の用に供した後に減価償却を行うのであるが、次のいずれかに該当するものについては、法人がその取得価額に相当する金額について、その事業の用に供した日の属する事業年度において損金経理したときは、その損金経理をした金額は損金の額に算入される。つまり、減価償却資産として資産に計上することを要しない（法令133）。

　イ　その使用可能期間が1年未満であるもの
　ロ　その取得価額が10万円未満であるもの

　（注）中小企業者等である青色申告法人が、平成18年4月1日から平成30年3月31日までの間に取得等して事業の用に供した減価償却資産で、その取得価額が30万円未満である少額減価償却資産については、その取得価額の合計額のうち300万円に達するまでの金額は損金算入を認めるという特例措置が講じられている（措法67の5）。

　　なお、この特例措置は、確定申告書等に少額減価償却資産の取得価額に関する明細書の添付があり、かつ、事業の用に供した事業年度において損金経理をした場合に適用される。

⑥　一括償却資産の損金算入

減価償却資産で取得価額が20万円未満であるもの（上記⑤の適用を受けるものを除く。）を事業の用に供した場合において、その資産の全部又は特定の一部を一括したもの（以下「一括償却資産」という。）の取得価額の合計額をその事業年度以後の各事業年度の費用の額又は損失の額とする方法を選定したときは、その一括償却資産につきこれらの事業年度において損金の額に算入される金額は、その一括償却資産の取得価額の合計額（以下「一括償却対象額」という）の全部又は一部につき損金経理をした金額のうち、次の算式により計算した金額に達するまでの金額とされている（法令133の2①）。

一括償却対象額×その事業年度の月数／36

　この制度は、一括償却資産を事業の用に供した日の属する事業年度の確定申告書等に一括償却対象額の記載があり、かつ、その計算に関する書類を保存している場合に限り、適用される（法令133の2⑩）。

　⑦　修繕費と資本的支出

　固定資産を使用している途中で、その固定資産の破損や劣化に対して修繕を行ったり、あるいは改良等を行ったりする場合がある。これが単なる修繕であれば、その費用は全額が修繕費として損金となるが、使用可能期間が延びるような改良等に要した費用は、資本的支出として一時の損金とすることは認められず、新たな固定資産の取得価額とするか、あるいは既存の固定資産の取得価額に加算するかしなければならない（法令55）。

　法人が修繕や改良等のために支出した費用が、修繕費であるか資本的支出であるかを判定するのは、現実にはかなり困難を伴うところであるが、法人税法では、次の部分に対応する金額が資本的支出であると定めている（法令132）。

　　イ　その固定資産の使用可能期間を延長させる部分
　　ロ　その固定資産の価額を増加させる部分

　この場合、イとロのいずれにも該当するときには、その多い方の金額が資本的支出となる。

Column　「修繕費」であるか「資本的支出」であるか、の判定

　法人が修繕、改良等のために支出した費用が、「修繕費」であるか「資本的支出」であるかを判定するのは、上記で述べたように、現実にはかなり困難を伴うところであるが、判断のポイントは、元に戻すだけなら「修繕費」に当たり、機能が当初より良くなる場合は「資本的支出」に当たる、ということである。

　例えば、建物を長期にわたって使用したために外壁の塗装が剥げてしまった場合、塗装をし直しただけの場合は、通常の維持管理といえ、その費用は「修繕費」に当たるが、塗り直しのついでに防水加工をしたり、あるいは、耐震補強工事を行ったりした場合は、塗る直し以外の部分の費用については「資本的

支出」に当たることとなる。

3 | 繰延資産

　法人税法上の繰延資産とは、法人が支出する費用のうち支出の効果がその支出の日以後一年以上に及ぶもので、資産の取得価額とされるべき費用及び前払費用を除いたものである。(法法2二十四、法令14)

　つまり、「繰延資産」とは、既に代価の支払が完了し、これに対応する役務の提供も受け終わった費用のうち、支出の効果が翌期以降にも及ぶと予想される費用を、支出の効果が及ぶ期間に合理的に配分するために、(財産的価値があるわけではないが、便宜上)資産として計上するものである。

　また、前払費用とは、法人が一定の契約に基づき継続的に役務の提供を受けるために支出する費用のうち、その支出する日の属する事業年度の末日においてまだ提供を受けていない役務に対応するものをいう(法令14②)。

(1) 企業会計にもある繰延資産および法人税法固有の繰延資産

　法人税法上の繰延資産は次のとおり企業会計にもある繰延資産と法人税法固有の繰延資産とがある。

① 企業会計にもある繰延資産
　　イ　創立費(発起人に支払う報酬、設立登記のために支出する登録免許税その他法人の設立のために支出する費用で、当該法人の負担に帰すべきものをいう。)
　　ロ　開業費(法人の設立後事業を開始するまでの間に開業準備のために特別に支出する費用をいう。)
　　ハ　開発費(新たな技術若しくは新たな経営組織の採用、資源の開発又は市場の開拓のために特別に支出する費用をいう。)
　　ニ　株式交付費(資本金の増加の登記についての登録免許税その他自己の株式(出資を含む。)の交付のために支出する費用をいう。)
　　ホ　社債等発行費(社債券等の印刷費その他債券(新株予約権を含む。)の

発行のために支出する費用をいう。）
② 法人税法固有の繰延資産
　イ　自己が便益を受ける公共的施設又は共同的施設の設置又は改良のために支出する費用
　ロ　資産を賃借し又は使用するために支出する権利金、立ちのき料その他の費用
　ハ　役務の提供を受けるために支出する権利金その他の費用
　ニ　製品等の広告宣伝の用に供する資産を贈与したことにより生ずる費用
　ホ　上記イからニまでに掲げる費用のほか、自己が便益を受けるために支出する費用

（2）繰延資産の償却

　繰延資産はその効果が及ぶ期間を基礎として償却するが、その償却限度額及び償却期間は繰延資産の区分に応じ、それぞれ次により計算した金額となる（法法32①、法令64①）。
① 企業会計にもある繰延資産（上記(1)①のもの）
　　償却限度額＝その繰延資産の額
　　法人の任意の償却が可能であり、期末現在の繰延資産の額の全額が償却限度額となる。
② 法人税法固有の繰延資産（上記(1)②のもの）

　　償却限度額＝支出した費用の額
　　　　　　　　×その事業年度の月数／支出の効果が及ぶ期間の月数

　すなわち、償却期間は支出の効果が及ぶ期間であり、支出した費用をその期間で按分した金額が償却限度額である。
　なお、その支出した費用の額が20万円未満であるときは、繰延資産として計上しないで、その支出時に全額を損金経理により損金の額に算入することができる（法令134）。

4 | 役員等の給与

　法人が支払う給与は、使用人に対して支払うものと、役員に対して支払うものとに大別され、両者は法人税法上その取扱いに差異がある。
　使用人に対する給与（給料・賞与・退職給与）は、法人税法上も原則としてその全額が損金の額に算入される。これに対して、役員は法人の経営に従事する者であり、法人の得た利益の分配に関わる地位にあるといえることから、役員給与を恣意的に過大に支給することによる法人税負担の回避を防止する観点から、役員に対する給与については、職務執行の対価として相当とされる金額を超える部分は損金の額に算入しないこととされている（法法34）。
　以下では、役員に対する給与の取扱いを中心に説明するが、同族会社（個人類似法人といわれる個人的色彩の濃い会社）については、役員に対する給与に関して特別な規定が置かれている（例えば次の(4)①ハの利益連動給与は同族会社には適用されない。）。よって、まず同族会社のあらましから説明する。

（1）同族会社

　株主等（注）の3人以下とこれらの株主等と特殊の関係にある個人及び法人がその会社の株式の総数又は出資金額の合計額の50％超を保有している会社が同族会社である。（法法2十）
　　（注）株主等とは、株主その他法人に対する出資者をいう（法法2十四）。

　同族会社であるかどうかの判定に当たっては、その基礎となる株主等を単に株主等の頭数ではなく、ある株主等と特殊な関係にある者（同族関係者）の持分全部を合わせて1グループとし、これを株主1人の持株とみて、3グループまでの組み合わせにより資本金（発行済株式の総数又は出資金額）の50％を超える場合に、その会社を同族会社と判定する（法法2十）。
　この場合、同族関係者となる個人は、株主等の配偶者や子供等の親族だけでなく次のような者が含まれる（法令4①）。

① 株主等の親族（配偶者、6親等内の血族、3親等内の姻族（民725））
② 株主等と内縁関係（事実上婚姻関係と同様の事情）にある者
③ 個人である株主等の使用人（法人株主の使用人は含まない。）
④ 個人株主等から受ける金銭等により生計を維持している者（上記①から③以外の者）
⑤ 上記②から④の者と生計を一にするこれらの者の親族（配偶者、6親等内の血族、3親等内の姻族（民725））

また、同族関係者となる法人とは、次に掲げる法人をいう（令4②）。
① 株主等の1人（個人の場合は同族関係者含む。以下、次の②および③において同じ。）が他の会社を支配している場合における当該他の会社
② 株主等の1人と①の会社が他の会社を支配している場合における当該他の会社
③ 株主等の1人と①及び②の会社が他の会社を支配している場合における当該他の会社

なお、「他の会社を支配している場合」とは、次に掲げる場合のいずれかに該当するものをいう（法令4③）。
① 他の会社の発行済株式又は出資の総数又は総額の50％を超える数又は金額の株式又は出資を有する場合
② 他の会社の次に掲げる議決権のいずれかにつき、その総数の50％を超える数を有する場合
　イ　事業の全部若しくは重要な部分の譲渡、解散、継続、合併、分割、株式交換、株式移転又は現物出資に関する決議に係る議決権
　ロ　役員の選任及び解任に関する決議に係る議決権
　ハ　役員の報酬、賞与その他の職務執行の対価として会社が供与する財産上の利益に関する事項についての決議に係る議決権
　ニ　剰余金の配当又は利益の配当に関する決議に係る議決権
③ 他の会社の出資者（合名会社、合資会社又は合同会社の社員に限る。）の総数の半数を超える数を占める場合

（2）役員の範囲

　法人税法上の役員の範囲は、会社法上の取締役等、またその他の法令に基づき選任された役員よりも広く規定されている。すなわち、法形式上は役員とはなっていないが、実質的に法人の経営に従事して、その意思決定に大きな影響力を持つと認められる者も含まれる（法法２十五、法令７）。具体的には次の者をいう。

① 　法人の取締役、執行役、会計参与、監査役、理事、監事及び清算人（会社法等で定められた役員）
② 　会長、相談役、顧問等のように、登記上の役員ではないが、使用人以外の者で実質的に法人の経営に従事している者（令７一）
③ 　同族会社の使用人のうち、同族会社の判定の基礎となった特定の株主グループに属しているなど次の三つの要件の全てに該当している株主（「特定株主」と称する。）でその会社の経営に従事している者（法令７二、71①五）

　　イ　その使用人の属する株主グループが、持株割合50％超に達するまでの上位３位以内の株主グループであること
　　ロ　自己の属する株主グループの所有割合が10％を超えていること
　　ハ　自己（配偶者及び所有割合50％超の関係会社を含む）の持株割合が５％を超えていること

（3）使用人兼務役員

　使用人兼務役員とは、役員のうち部長、課長その他法人の使用人としての職制上の地位を有し、常時使用人としての職務に従事する者をいう（法法34⑤、法令71）。例えば、取締役営業部長、取締役工場長等がこれに該当する。ただし、社長、理事長その他次に掲げる役員は、使用人の地位を有していたとしても、使用人兼務役員から除かれ（令71）、（使用人兼務ではない）役員とされる。

① 　代表取締役、代表執行役、代表理事および清算人
② 　副社長、専務、常務その他これらに準ずる職制上の地位を有する者
③ 　合名会社、合資会社および合同会社の業務を執行する社員

④ 取締役（ただし委員会設置会社の取締役に限る）、会計参与および監査役ならびに監事
⑤ 同族会社の特定役員（上記(2)③の特定株主に該当する役員）

（4）損金の額に算入される役員給与の範囲

損金の額に算入される役員給与の範囲等については、次のように定められている。

① 一定の役員給与の損金算入

法人がその役員に対して支給する給与（退職給与（次の②で説明）等を除く）のうち、次のイからハまでに掲げる給与のいずれにも該当しないものの額は損金の額に算入されない（法法34①）。つまりイからハに掲げる役員給与の額については、損金算入される、ということである。

イ 定期同額給与

支給時期が1月以下の一定の期間ごとであり、かつ、当該事業年度の各支給時期における支給額が同額である給与、その他これに準ずる給与をいう（法法34①一、法令69①）。

ロ 事前確定届出給与

その役員の職務につき所定の時期に確定額を支給する旨の定めに基づいて支給する給与で、納税地の所轄税務署長にその定めの内容に関する届出をしているものをいう（法法34①二、法令69②〜⑤、法規22の3①）。

したがって、あらかじめ支給額や支給時期が確定しているものについては毎月の定期同額の給与の他に6月及び12月などのように特定の月に増額支給するもの（いわゆるボーナス）であっても損金の額に算入されるということとなる。

ハ 利益連動給与

同族会社に該当しない法人が業務を執行する役員に対して支給する利益連動型給与で次に掲げる要件を満たすもの（他の業務を執行する役員の全てに対しても次に掲げる要件を満たす利益連動給与を支給する場合に限る。）をいう（法法34①三、法令69⑥〜⑩、法規22の3③）。

(a) その利益連動給与の算定方法が、当該事業年度の利益に関する指

標（有価証券報告書に記載されるものに限る。）を基礎とした客観的（次に掲げる要件を満たすものに限る。）なものであること

 a 確定額を限度としているものであり、かつ、他の業務を執行する役員に対して支給する利益連動給与に係る算定方法と同様のものであること

 b 当該事業年度開始の日の属する会計期間開始の日から3月を経過する日までに、報酬委員会が決定していることその他これに準ずる適正な手続を経ていること

 c 算定方法の内容が、bの決定又は手続の終了の日以後遅滞なく、有価証券報告書に記載されていることその他の方法により開示されていること

(b) 利益に関する指標の数値が確定した後1月以内に支払われ、又は支払われる見込みであること

(c) 損金経理をしていること

② 過大な役員退職給与の損金不算入

役員の退職給与については、役員の退職の事実により支払われる一切の給与をいうのであるが、退職給与のうち、当該役員の業務に従事した期間や退職の事情、同業種同規模法人の役員退職金の支給状況等に照らし、不相当に高額な場合には、その高額であると認められる部分の額は損金の額に算入されない（法法34②、法令70二）。

③ 使用人兼務役員に対する賞与

使用人としての職務を有する役員に対して支給する使用人としての職務に対する賞与については、他の使用人の賞与の支給時期と同時期に支給し、かつ、他の職務が類似する使用人の賞与の額と比較して適正な額である場合に損金算入が認められる（法法34②、法令70三）。

④ 隠ぺい又は仮装により支給する役員給与の損金不算入

法人が、事実を隠ぺいし、又は仮装して経理することによりその役員に対して支給する給与の額は損金とならない（法法34③）。

（5）使用人給与（使用人としての職務を有する役員に対して支給する使用人としての職務に対する給与を含む）

使用人給与については、各事業年度の所得金額の計算上、原則として損金の額に算入する。しかし、役員給与の損金算入に関する規制を実効あるものとするために、使用人給与であっても、役員と特殊の関係のある使用人（役員の親族、役員と事実上婚姻関係と同様の関係にある者、役員から直接間接に生計の支援を受けている者をいう（法令72の3））に対して支給する給与については、その給与の額のうち不相当に高額な部分の金額は、損金の額に算入しないこととしている（法法36）。

なお、不相当に高額な部分とされる金額は、過大な役員給与の判定の場合（上記(4)②）と同様の考え方により判定する。

（6）経済的利益

役員及び使用人（以下「役員等」という。）に対して支払う給与は、現金で支払われるのが通常であるが、法人が役員等に対して有する貸付金等の債権を放棄する等の場合のように、現金以外に実質的にその役員等に対して給与を支給したのと同様の経済的効果をもたらす利益が与えられる場合がある。このような利益のことを一般に「経済的利益」という（法基通9-2-9）。なお、役員等に支給する給与は当該経済的利益を実際に支給する給与の額に含めて、損金算入が可能か否かを判断することとなる。

5 │ 交際費等

（1）交際費等の範囲

交際費、接待費、機密費、その他の費用で、法人がその得意先や仕入先その他事業に関係のある者等に対する接待、供応、慰安、贈答その他これらに類する行為のために支出するものを交際費等とすると規定されている（措法61の4④）。

すなわち、法人が、その業務遂行のために、得意先、仕入先その他事業に関係のある特定の者に対して、取引関係等の拡大あるいは円滑な進行を図る

目的のもとに接待等の行為を行った場合の費用である。

なお、次のような費用は交際費等から除かれ、適正な支出であれば全額を損金算入することができる。

① 専ら従業員の福利厚生のための運動会や旅行等に通常要する費用（措法61の4①一）

② 飲食その他これに類する行為のために要する費用（専らその法人の役員若しくは従業員又はこれらの親族に対する接待等のために支出するものを除く。……以下「飲食費」という。）であって、その支出する金額をその飲食等に参加した者の数で除して計算した金額が5,000円以下となる費用（措法61の4④二、措令37の5①）。ただし、この「飲食費」については、飲食等のあった年月日等の所定の事項を記載した書類を保存している場合に限り、認められる（措法61の4⑥、措規21の18の4）。

（なお、一人当たりの支出が5,000円を超える場合であっても下記(3)①の「接待飲食費」に該当する場合があることに留意が必要である。）

③ 広告宣伝のためのカレンダーや手帳等の作成費用（措令37の5②一）

④ 会議に関連してお茶菓子や弁当程度のもてなしをする費用（措令37の5②二）

⑤ 出版、放送のための取材費等の費用（措令37の5②三）

（2）交際費課税制度

法人が支出する交際費は、販売促進等事業のために支出し、その使途が明らかである限り、企業会計上その全額が費用となるべきものである。しかしながら、税法においては、冗費を抑える等の政策目的から、次の(3)で説明するとおり、租税特別措置法等により、交際費等のかなりの部分が損金不算入とされている。

（3）交際費等の損金不算入額

法人が、各事業年度において支出する交際費等の額は、原則として損金の額に算入されない。ただし、次の①および②の例外がある。

① 平成26年4月1日以後に開始する事業年度から、交際費等のうち

「接待飲食費」（注）の額の50/100に相当する金額は、損金の額に算入されることとなった。

(注)「接待飲食費」とは、交際費等のうち飲食費であって、法人税法上で整理・保存が義務付けられている帳簿書類に、飲食費に係る飲食等のあった年月日等の所定の事項を記載することにより、飲食費であることが明らかにしているものをいう（措法61の4①、措規21の18の4、法規59、62、67）。

（なお、上記(1)②で説明した、参加者一人当たり5,000円以下の「飲食費」については、そもそも交際費から除かれており、これに該当する場合は全額損金算入が可能であることに留意する必要がある。）

② 資本金の額又は出資金の額が1億円以下の法人（いわゆる中小企業）については、定額控除限度額までは交際費等を損金の額に算入することができる。定額控除限度額は、平成25年4月1日以後に開始する事業年度については年800万円である。（措法61の4①）。

なお、上記①の接待飲食費の額の50/100相当額の損金算入と定額控除限度額までの損金算入のいずれかを選択適用することができる（措法61の4①②）。……たとえば、接待飲食費の合計額が1,600万円を超えている場合は、接待飲食費の額の50/100相当額の損金算入を選択した方が、損金算入額が多い、ということになる。

Column 「接待飲食費」と「飲食費」

措法61の4の条文によれば「接待飲食費」（(1)②）と「飲食費」（(3)①）とは同じものと解される。

しかし、「接待飲食費」については、「交際費」ではあるのだが、その金額の1/2までは損金に算入することができる。

一方「飲食費」として支出する（すなわち、「接待飲食費」として支出する、ということと同じことなのであるが、）場合に、その額が1人当たり5,000円以下である場合については、「交際費」には該当せずに、全額を損金に算入することができる。

初学者の人には理解しにくいと思われるが、是非、措法61の4や措令37の5の条文を読むことをおすすめする。

6 │ 寄附金

（1）寄附金

　寄附金とは、金銭その他の資産あるいは経済的な利益を贈与又は無償で供与した場合の、贈与または供与した価値のことをいう。ただし、広告宣伝及び見本品の費用その他これらに類する費用並びに交際費、接待費及び福利厚生費とされるべきものは寄附金には該当しないこととされている（法法37⑦）。

（2）寄附金の損金算入限度額

　寄附金は法人の純資産の減少の原因となるが、寄付金の態様は様々であって、それぞれの場合について、法人の収益を生み出すのに必要な費用と言えるかどうかは、きわめて判定の困難な問題である。そこで法人税法では、行政的便宜ならびに公平維持の観点から、統一的な損金算入限度額を設け、寄附金のうちその範囲内の金額についてのみ損金算入を認めることとしている（法法37①）。

　なお、損金算入限度額は、寄附金の支出先によりそれぞれ限度額が設けられており、その概要は以下のとおりである。

　①　一般の寄附金

　一般の寄附金の損金算入限度額の計算は、形式的に期末の資本金等の額を基にした資本金基準額と当期の所得の金額を基にした所得基準額から次のとおり損金算入限度額を計算し、この限度額を超える部分の金額は損金の額に算入されない（法法37①、法令73①）。

　損金算入限度額＝［資本基準額（a）＋所得基準額（b）］×1／4
　資本基準額（a）＝期末資本金等の額×当期の月数／12 × 2.5／1,000
　所得基準額（b）＝当期の所得の金額（c）×2.5／100

　　（注）当期の所得の金額（c）は、当期に支出した寄附金の額を損金の額に算入する前の金額である（法令73③）。

② 完全支配関係がある他の法人に対する寄附金

内国法人が各事業年度において完全支配関係（法人による完全支配関係に限る。）がある他の内国法人に対して支出した寄附金の額（法25条の2②に規定する受贈益に対応するものに限る。）は、損金の額に算入されない（法法37②）。

（なおこの場合、寄付を受けた法人においては、これによる受贈益については益金不算入とされる（法法25の2、81の3①）。）

③ 国又は地方公共団体に対する寄附金

国又は地方公共団体に対する寄附金は、その全額を損金の額に算入することができる。（ただし、寄附した者が寄附によって設けられた設備を専属的に利用する場合や、特別な利益がその寄附をした者に及ぶと認められる場合を除く（法法37③一）。）

④ 財務大臣が指定した寄附金（指定寄附金）

公益法人等に対する寄附金で、一定の要件を備えるものとして財務大臣が指定したものは、その全額を損金の額に算入することができる（法法37③二）。

⑤ 特定公益増進法人に対する寄附金

公益の増進に著しく寄与する法人として法人税法施行令第77条に掲げられた団体に対する寄附金は、一般の寄附金の限度額とは別枠の限度額が設けられており、その限度額の範囲内の金額を損金の額に算入することができる（法法37①）。

⑥ 特定公益信託の信託財産として支出した金銭の額

特定公益信託の信託財産とするために支出した金銭の額は、寄附金とみなし、そのうち、その目的が教育又は科学の振興、文化の向上、社会福祉への貢献その他公益の増進に著しく寄与するものの信託財産とするために支出した金銭の額については、上記⑤の寄附金の額と合わせて、一般の寄附金とは別枠の限度額の範囲内で損金の額に算入することができる（法法37⑥）。

⑦ 認定特定非営利活動法人に対する寄附金

特定非営利活動法人（NPO法人）のうち一定の要件を満たすものとして所轄庁の認定を受けたもの（認定NPO法人）に対する寄附金の額は、上記⑤の寄附金の額と合わせて、一般の寄附金とは別枠の限度額の範囲内で損金の額

に算入することができる（措法66の11の2②）。

⑧　国外関連者に対する寄附金

　法人がその法人の国外関連者に対して支出した寄附金の額は、損金の額に算入されない（措法66の4③）。

(3) 寄附金の損金算入時期

　寄附金は、贈与の一形態ということができ、その性格からして一方的に金銭その他の価値を相手方に供与するものであることから、一般的には契約を締結することは少ない。書面による契約の締結がされていない場合、贈与はその履行前であれば当事者はいつでも取り消すことができる（民法550）。また、例えば、指定寄附金のように期間を指定してその間の寄附金についてだけ全額損金算入を認めている場合であっても、未払寄附金の損金算入を認めた場合には、期間を指定した意義が失われてしまうことになる。したがって、寄附金は現実に支払った事業年度の損金として取り扱うこととされている（法令78①）。

　このように、現実に支払われるまでは、寄附金の支払がなかったものとされるので、寄附金を未払計上しても、その計上した事業年度では損金の額に算入されず、実際に支払った事業年度に寄附金として取り扱われ、限度額まで損金に算入することができる。また、逆に、現実に支払った事業年度に損金の額に算入しないで仮払金等の仮勘定で経理処理をしても、その支出した事業年度の寄附金として取り扱うこととされている（法基通9-4-2の3）。

7｜租税公課

(1) 租税公課の意義

　租税とは、国や公共団体が、主として公共サービスを提供するための資金調達を目的として、法令の定めに基づいて、強制的に賦課徴収する金銭を指す。これに対し、公課は、租税以外の様々な公共的な性格を有する金銭的な負担を指す。公課の種類はきわめて多く、公害防止事業費事業者負担法に基づく事業者負担金のような法令に基づく負担金から加算金・延滞金・罰金・

過料、科料なども含まれる。公課も租税に類似する強制性を伴っているため、区別する実益は少なく、そのため両者は租税公課として一括して扱われる。

（2）損金算入となる租税公課

原則、法人の納付する租税公課は、その性質上費用性をもたないもの、および政策的または技術的理由から法律の定めによって損金算入を否定されているものを除いては、すべて損金に算入される。損金に算入される主な租税公課としては、以下のものがある。

消費税・地方消費税、法人事業税、固定資産税、印紙税、利子税、延滞金（納期限延長分）

なお、消費税・地方消費税（以下「消費税等」という。）については、経理方式には税抜経理方式と税込経理方式があるが、税抜経理方式の場合には、取引の度に授受される課税売上げに係る消費税等の額は仮受消費税等とし、課税仕入れに係る消費税等の額については仮払消費税等として処理され、確定申告による納付税額はこの仮払消費税等と仮受消費税等の精算となるため、租税公課として扱われることはない。しかし税込経理方式の場合には、課税売上げに係る消費税等の額は売上金額、仕入れに係る消費税等の額は仕入金額などに含めて計上し、納付税額は租税公課として損金の額に算入することになる。

また法人事業税の中の所得割は、所得金額を基礎に算出される。しかしこの法人事業税は、戦前の営業税を前身として行政サービスの対価と位置づけられているため、所得割であってもそれは計算方法の一つに過ぎないものとされていることから、損金算入とされている。

（3）損金不算入となる租税公課

損金不算入となる主な租税公課としては、以下のものがある。なお
① 法人税、地方法人税、法人住民税（道府県民税、市町村民税）
② 附帯税等（延滞税、利子税、加算税）、加算金、延滞金（納期限延長分を

除く)、過怠税
③ 罰金、科料、過料、交通反則金、課徴金
④ 税額控除の適用を受ける所得税額・復興特別所得税額、税額控除を選択した場合の控除対象外国法人税額

① 法人税・地方法人税・法人住民税等

　法人税、地方法人税、および法人住民税等は、もともと所得の中から納付することが予定されているものとして、損金不算入とされている。個人における所得税および個人住民税が必要経費から除外されているのと同じ理由である。

　また技術的な面から見れば、損金算入となれば法人税法における所得の計算に法人税及び法人住民税の額が影響する事になるが、その場合、法人の所得の計算に、所得を基に計算するこれら税額の金額が必要になり、計算が循環的なものとなってしまい、困難なものとなる。

　この点、前記の法人事業税の中の所得割も同様であるが、これは納税申告書を提出した日の属する事業年度の損金（詳細は後記）、すなわち、通常は所得割計算の基礎となった所得が生じた事業年度の翌年の損金になるため、この技術的な循環は生じない。

② 附帯税等

　不正行為等に係る費用等は損金不算入とされている（法38①、55③④）。これらは、違法行為に対する制裁ないしは一定の行為を抑止するための経済的負担であるから、もし損金算入を認めれば、税負担の減少によってその効果が減殺されてしまうからである。

　国税としては、各種の加算税や延滞税がこれに該当する。また地方税としては、加算金や延滞金がこれに該当する。

　また、印紙税に係る過怠税（印紙税の納付をしなかった場合、当初に納付すべき印税の額の3倍に相当する過怠税が徴収される）も、損金不算入とされている。なお延滞税や延滞金については、納期限の延長に係るものは損金に算入されるが、それ以外のものは損金不算入とされている。

　なお、加算税と加算金、延滞税と延滞金の相違であるが、国税および地方法人税に係るものを加算税（過少申告加算税、不申告加算税、不納付加算税、

重加算税）、延滞税といい、地方税法の規定によるものを加算金（過少申告加算金、不申告加算金、重加算金）、延滞金と呼んでいる。

③　罰金等

罰金、科料、過料、交通反則金及び課徴金も、不正行為等に係る費用等として、上記の理由により損金不算入とされている（法38①、55③④）。

なお罰金と科料は刑罰の一種であるが、過料や課徴金は法令違反に対して国又は地方公共団体が課す金銭罰の一種ではあるが、刑罰ではなく行政罰である点が異なる。なお交通違反反則金は、過料の一種である。

なお、法人がその役員又は使用人に対して課されたこれら罰金等を負担した場合は、本来は役員や従業員が自身で負担すべきものである（またそうしなければ、その効果が減殺されてしまう）から、原則、その役員又は使用人に対する給与として取り扱われる（従って、法人としては損金になる）ことになるが、その罰金等を課された（罰金と科料の場合には「科された」）原因となった行為が、法人からの指示等によって生起した場合等、法人が負担することにやむを得ない理由が存する場合には、給与として取り扱わなくても良い事とされている（ただし当然ながら、損金不算入である）。

また課徴金とそれにかかる延滞金として損金不算入とされているものは法法55条4項に限定列挙されている。即ち、1号には、罰金及び科料並びに過料が定められ、2号〜6号において、国民生活安定緊急措置法・独占禁止法・金融商品取引法・公認会計士法・不当景品類及び不当表示防止法の規定による課徴金及び延滞金と定められている。

したがって、ここに記載のないことから社会保険料の加算金等は、損金に算入しうることになる。

④　法人税額から控除される所得税額等

利息や配当金で源泉徴収された所得税や外国法人税について税額控除の適用を受ける場合は、税額の計算（別表一）において税額控除することとなる。そこでこの場合に、二重の控除とならないように、所得の計算（別表四）においては損金不算入とする。よって税額控除を受けないのであれば、損金算入が認められることになる。

（4）損金算入となる事業年度

① 申告納税方式による租税

　酒税、事業税、事業所税などの申告納税方式による租税については、納税申告書に記載された税額についてはその納税申告書が提出された日の属する事業年度、更正又は決定に係る税額についてはその更正又は決定があった日の属する事業年度の損金に算入することになる。

② 賦課課税方式による租税

　不動産取得税、自動車税、固定資産税、都市計画税などの賦課課税方式による租税については、賦課決定のあった日の属する事業年度（ただし、法人が、その納期の開始の日の属する事業年度又は実際に納付した日の属する事業年度において損金経理をした場合には、その事業年度）の損金に算入することになる。

③ 特別徴収方式による租税

　ゴルフ場利用税、軽油引取税などの特別徴収方式による租税については、納入申告書を提出した事業年度の損金に算入することになる。ただし、収入金額のうちに申告期限未到来のこれらの租税の納入すべき金額が含まれている場合において、その金額を損金経理により未払金に計上したときは、その損金経理をした事業年度の損金に算入することになる。また、更正又は決定による不足税額については、その更正又は決定があった日の属する事業年度の損金に算入することになる。

④ 利子税及び納期限の延長の場合の延滞金

　国税の利子税や地方税の納期限の延長に係る延滞金は、納付した事業年度の損金に算入することになる。ただし、その事業年度の期間に対応する未納額を損金経理により未払金に計上したときは、その損金経理をした事業年度の損金に算入することになる。また、法人がその事業年度の期間に係る未納の金額を損金経理により未払金に計上したときのその金額については、その損金経理をした事業年度の損金に算入することになる。

（5）経理処理

① 法人税、地方法人税、法人住民税、事業税

法人税、地方法人税、法人住民税（以下「法人税等」という。）及び事業税については、企業会計上、損益計算書では「法人税、住民税及び事業税」、「法人税等」、「法人税等充当額」で表示される。したがって、原則、これらの名称の勘定科目を用いて仕訳するが、全てを他の税金と同じく「租税公課」で処理しても良い。

どの処理方法であってもこれらは損金不算入であるから、申告調整により加算することになる（事業税も損金算入できるのは、納税申告書を提出した日の属する事業年度、すなわち翌事業年度である）。

② その他の租税公課

その他の租税公課の経理処理は、通常、租税公課勘定を用いて行うが、損金算入できる事業年度が定められているため、その損金算入できる事業年度に租税公課として処理するのが一般的である。

もし損金算入できると定められている事業年度の前年に租税公課として処理した場合には、租税公課として処理した事業年度には申告調整でその金額を損金不算入とし、翌年（損金算入できると定められている事業年度）に損金に算入する申告調整が必要になる。

従って、通常は、損金算入が可能な事業年度に租税公課で処理することになる。よって、その前の事業年度に実際の支出があった場合には、その支払時には仮払金等で処理しておくことになる。それを仕訳で示すと以下の様になる。

実際に支出した事業年度
　　（借方）仮払金　　×××　　（貸方）現金預金　　×××
損金算入が可能な事業年度
　　（借方）租税公課　×××　　（貸方）仮払金　　　×××

また損金算入が可能な事業年度の次の事業年度に実際の支払があった場合には、次の仕訳をすることになる。

損金算入が可能な事業年度
　　（借方）租税公課　×××　　　（貸方）未払金　×××
実際に支出した事業年度
　　（借方）未払金　×××　　　（貸方）現金預金　×××

　もっとも、損金経理要件はないため、仕訳としては実際に支払った事業年度のみ仕訳し、申告調整により対処することも可能である。
　なお、損金に算入できない租税公課については、申告調整により加算することになる。
　③　予定納税と納税充当金
　法人税等は、損金の額には算入されず、所得を基に計算されることから、当期確定申告による納付予定額について、以下の仕訳をする。
　（借方）法人税等（＊1）×××（貸方）納税充当金（＊2）×××
　　＊1　上記したように、「法人税等充当額」や「法人税、住民税及び事業税」、あるいは「租税公課」を用いても良い。
　　＊2　これを示す勘定科目としては、「未払法人税等」などもある。
　この仕訳で示したように、納税充当金を負債に計上すると同時に、法人税等充当額を損益計算書の税引前当期利益から控除する。しかしこの金額は損金不算入であるため、申告調整で当期利益に加算することになる。
　また、翌期のこれら未納税金の納付は、以下の仕訳になる。
　（借方）納税充当金×××　（貸方）現金預金×××

設例：租税公課等の状況が以下のような場合に、申告調整に要する金額を計算しなさい。
（A）租税公課勘定には、以下の支出が含まれている。
　①　前期確定申告における法人税の確定申告期限延長に係る利子税1万円
　②　使用人の交通違反に対して課せられた罰金7万円のうち会社負担額2万円
　③　前期分事業税の追徴分（本税）5万円とそれに係る過少申告加算金1万円
　④　自動車税3万5千円

⑤　自動車取得税1万6千円
(B)「法人税、住民税及び事業税」勘定には、以下の支出が含まれている。
　　①　当期分確定申告による未納法人税等の納税充当金積立額80万円
　　②　当期分確定申告による未納事業税の納税充当金積立額20万円
(C)　納税充当金
　　①　取崩額は、当期納付の前期確定申告による法人税60万円、住民税8万円、法人事業税4万円である。
　　②　積立額は、上記当期分確定申告による未納法人税等及び事業税の積立分である。

▷ **解　答**

申告調整により、次の金額を会社の利益に加算・減算する。
(加算には＋、減算には△を付している)

使用人の交通違反に対して課せられた罰金7万円の会社負分	＋20,000
前期分事業税に係る過少申告加算金(本税の追徴分は損金算入)	＋10,000
当期分確定申告による未納事業税の納税充当金計上額	＋200,000
納税充当金取崩による当期納付額のうち、法人事業税	△40,000

8 | 資産の評価損

(1) 評価損の意義

　資産の時価が当該資産の帳簿価額を下回っている場合に、帳簿価額を時価とするため当該資産の帳簿価額にこの差額を減算したときのこの差額が評価損である。

　一方、事業用固定資産について、回収可能性などの観点からみた評価額が当該資産の帳簿価額を下回っている場合に、帳簿価額を評価額とするため当該資産の帳簿価額にこの差額を減算したときのこの差額が減損損失である。

　企業会計上、両者の性質は異なるが、法人税法上は、これらを分けていないため、法人税法上の評価損には減損も含めたものとなる。

　企業会計は、固定資産の評価減や減損処理について、保守主義の立場から、原則として、これを積極的に行うこととし、また、会社法においても、

著しく価値が下落した場合は、積極的に評価損を計上すべきこととし（会社計算規則5③）、また時価が取得原価より低い資産や市場価格のある資産については、時価又は適正な価格を帳簿価額とすることが出来るとされている（会社計算規則5⑥）。

しかし法人税法は、実現した収益および損失のみを益金および損金に算入することを原則としており、また資産の評価損は、税額軽減行為として利用され易い事などから、法人が資産の評価換えをしてその帳簿価額を減額しても、その評価損は原則として損金の額に算入されないことになる（法法33①）。したがって、減価額の計算、譲渡益の計算等において、その資産の帳簿価額の減額はなかったものとみなされる（法法33⑥）。

（2） 損金に算入しうる評価損

① 換金性の高さから期末に譲渡があったものとみなされるもの

短期売買商品（法法61）や売買目的有価証券（法法61の3）及びデリバティブ（法法61条5）などについては、期末において市場で直ちに時価による売却が可能であることから期末における評価益又は評価損を、当期の益金の額又は損金の額に算入することとされている。なお、この短期売買商品や売買目的有価証券についての対象及び譲渡損益の計算方法は、前章3「有価証券の譲渡損益と期末評価」の記載を参照されたい。なおここでも触れているが、区分変更にともなうみなし譲渡の損益の計上がある。

すなわち、有価証券の譲渡原価の計算の基礎となる一単位当たりの帳簿価額の計算は、有価証券の区分ごとに、かつ銘柄ごとに行うこととされているが、利益調整を防止する観点から区分変更を行う場合が限定されており、この区分を変更する有価証券を譲渡したものとみなして譲渡損益を計上すべきこととされている（ただし、企業支配株式等の区分変更については、帳簿価額により譲渡したものとすることにより、譲渡損益の計上（課税）を繰り延べることとされている）（法令119の11）。

これらは、譲渡があったものとみなしてその損益を計上することを定めたものであるから、厳密な意味での評価損益ではないが、現実に譲渡していないという点では、一種の評価損益を実現したものとみなしたものといえ、広

い意味では評価損益に含まれることから、ここでも記しておく。

なお、この評価益又は評価損として益金の額又は損金の額に算入した金額は、翌期の損金の額又は益金の額に算入する、すなわち洗替え処理を行うこととされている（法法61の3②、法令119の15）。

設例：前期の評価損が100,000円、当期の評価損が180,000円であった。
　（前期）売買目的有価証券評価損　100,000／売買目的有価証券　100,000
　（当期）売買目的有価証券　100,000／売買目的有価証券評価益　100,00
　　　　　売買目的有価証券評価損　180,000／売買目的有価証券　180,000

---

　②　災害による資産価値の減少等

　災害による著しい損傷によってその資産の価額が帳簿価額を下回ることとなったことその他の政令で定める事実が生じた場合において、その法人がその資産の評価替えをして損金経理によりその帳簿価額を減額したときは、その減額した部分の金額は、これらの評価換えをした日の属する事業年度の損金の額に算入することとされている（法法33②）。

　災害損傷による評価減の対象資産としては、棚卸資産、有価証券、固定資産および繰延資産が認められている（法令68条①）。

　③　会社更生法及び更生特例法並びに民事再生法に基づく評価替え

　会社更生法または更生特例法の規定による更生計画認可の決定があったこと（会社更生法199①～③、更生特例法120条）により、その評価換え（会更法83、更特法55）をしてその帳簿価額を減額した場合には、その金額の損金算入が認められている（法法33③）。また民事再生法の規定による再生計画認可の決定（民再174条1項）に基づく評価損もまた、損金算入が認められている（法法33④）。

　ただし、評価損と清算により引き継ぐ欠損金の二重控除を防止するため、完全支配関係のある法人で、清算中の場合等において株式または出資を有するときは、その株式または出資金の評価損は損金の額に算入できないこととされている（法法33⑤）。

9 | 圧縮記帳

（1） 圧縮記帳の意義

　補助金等の特定の収益をもって固定資産を取得しまたは改良した場合に、その補助金等に相当する金額を損金に算入し、実際の取得価額よりもその補助金等の額に相当する金額（またはその範囲内の金額）だけ減額した金額をその資産の帳簿価額とすることをいう。

（2） 圧縮記帳の効果

　一定の固定資産を取得または改良するため、国または地方団体から補助金を受けた場合であっても、この助成は益金であるから本来は課税対象であるが、これを直ちに課税対象とすると、その補助金の目的が減殺されてしまう。そこで、この補助金等の金額の範囲内でその帳簿価額を損金経理により減額したとき（補助金が益金となるが、同額を圧縮損などで損金とすれば、補助金の益金課税を免れることが出来る）は、損金に算入される（42①、令79）代わりに、減価償却費については、この減額した金額を基に計算した低い金額のみが損金に算入されることになるため、その分所得の減少が抑えられることから課税の取戻しがなされる。その意味で、これは課税の繰り延べとされている。

（3） 圧縮記帳の記帳方法

　記帳方法を以下の設例で示す。なお記帳方法には直接減額方式と積立金方式がある。積立金方式の場合は圧縮損に相当する圧縮積立金積立額は損金経理されていないため、申告調整により損金の額に算入する。

　設例：90万円の資産を60万円の補助金（当座預金に入金）を受けて、機械を購入した。

　　① 直接減額方式
　　（借方）　　　　　　　　　　　　　　　　　（貸方）

補助金受入時：当 座 預 金　600,000／国庫補助金受贈益　600,000
資 産 購 入：機　　　　械　900,000／当 座 預 金　900,000
圧 縮 記 帳：固定資産圧縮損　600,000／機　　　　械　600,000
② 積立金方式
補助金受入時：当 座 預 金　600,000／国庫補助金受贈益　600,000
資 産 購 入：機　　　　械　900,000／当 座 預 金　900,000
圧 縮 記 帳：繰越利益剰余金　600,000／機械圧縮積立金　600,000

　上記の機械圧縮積立金は機械勘定の評価勘定で、税法上の償却基礎となる機械の取得価額は 900,000 円 − 600,000 円 ＝ 300,000 円となるが、仕訳としては、実際の取得価額 900,000 円を基礎として減価償却費を計算し、税務上の取得価額 300,000 円に基づく償却限度額を超える償却超過分だけ、そのつど機械圧縮積立金を取り崩して益金の額に算入することになる（法令 54 ③、法基通 10-1-3）。

設例：積立金方式で経理処理している場合において税法上の償却限度額が 10 万円、法人が損金経理した償却費が 30 万円（上記取得において、残存価額 0 円、耐用年数 3 年、定額法で償却の場合の 1 年分）のとき、減価償却費を計上した。
（借方）　　　　　　　　　　（貸方）
　機械減価償却費　300,000　／　減価償却累計額　300,000
　機械圧縮積立金　200,000　／　繰越利益剰余金　200,000
　この圧縮積立金取崩額の 200,000 円は、申告調整において益金に加算することになる。

（4）国庫補助金等により取得した資産の圧縮記帳

　固定資産の取得又は改良に充てるための国庫補助金等の交付を受け、その補助金等でその目的に適合した資産の取得又は改良をした場合には圧縮記帳が認められている。また、国庫補助金等に代えて固定資産の交付を受けた場合にも、その固定資産の価額（時価）に相当する金額の圧縮記帳が認められている。

なお、この場合には、期末までに、その補助金等について返還を要しないことが確定している場合と確定していない場合とで、扱いは異なっている。
① 国庫補助金等の返還を要しないことが確定している場合
ⓐ 直接減額方式
　国庫補助金等により取得した資産の圧縮記帳では、その固定資産につき、圧縮限度額の範囲内でその帳簿価額を損金経理により減額するが認められている。
ⓑ 積立金方式
　その圧縮限度額以下の金額をその事業年度の確定した決算において積立金（圧縮積立金）として積み立てる方法により経理する方法（当期の株主資本等変動計算書に記載し、貸借対照表に反映させる方法）も認められている。ただしこの方式によった場合には、圧縮積立金積立額は、損金経理されていないため、申告調整で減算することにより、損金の額に算入する事になる。

$$圧縮限度額 = その取得又は改良に充てた国庫補助金等の額$$

② 国庫補助金等の返還を要しないことが確定していない場合
　国庫補助金等の交付を受け、期末までにその返還を要しないことが確定していない場合には、その国庫補助金等の額以下の金額を、当期の確定した決算において特別勘定を設ける方法で経理することにより、損金の額に算入することができる（法法43①、法令80）。また決算確定日までに剰余金の処分により積立金として積立てる方法も認められている。
　特別勘定として経理した金額は、その事業年度の損金の額に算入されるが、その後、国庫補助金等の返還の要否が確定した事業年度において、次の算式で計算した圧縮限度額の範囲内で圧縮記帳をするとともに、特別勘定を取り崩して益金の額に算入する。

$$圧縮限度額 = \text{返還不要が確定した日の固定資産の帳簿価額} \times \frac{\text{返還不要となった国庫補助金等の額}}{\text{固定資産の取得等に要した金額}}$$

（5）保険金等により取得した資産の圧縮記帳

① 代替資産の取得をした場合

　所有する固定資産の滅失又は損壊により保険金等の支払いを受け、その事業年度においてその保険金等をもってその滅失をした資産に代替する同一種類の固定資産（代替資産）の取得をした場合や、その損壊をした資産若しくは代替資産となるべき資産の改良をした場合には、保険差益の金額につき、圧縮記帳が認められる。なお、保険金等の支払に代わるべきものとして代替資産の交付を受けた場合にも、その固定資産の価額（時価）に相当する金額の圧縮記帳が認められている。

　なおこの場合にも、その固定資産につき、限度額の範囲内でその帳簿価額と損金経理により減額する直接減額方式の他にその圧縮限度額以下の金額をその事業年度の確定した決算において積立金として積み立てる積立金方法により経理することも認められている。

（a）保険差益の額の計算

改定保険金等の額＝保険金等の額－滅失又は損壊による支出する経費の額

保険差益金の額＝改定保険金等の額－滅失又は損壊した資産の被害直前の帳簿価額のうち被害部分に相当する金額

（a）圧縮限度額の計算

$$圧縮限度額 = 保険差益金の額 \times \frac{代替資産の取得価額（改定保険金等の額が額度）}{改定保険金等の額}$$

② 代替資産を取得しなかった場合（特別勘定）

　所有固定資産の滅失又は損壊により保険金等の支払を受けたが、代替資産を取得していない場合でも、保険金の支払いを受けた事業年度終了後2年以内（指定期間）に代替資産の取得することを条件に、圧縮記帳が認められている。この場合には、その見込み取得価額に基づいて、上記算式より計算した圧縮限度額の範囲内の金額を、当期の確定した決算において特別勘定として経理する方法により、損金算入が認められている。

　特別勘定として経理した金額は、その事業年度の損金の額に算入される

が、代替資産を取得した場合や指定期間を経過した場合等には、特別勘定を取り崩して益金の額に算入する。なお、代替資産を取得した場合には、(1)と同額の圧縮限度額で圧縮記帳が認められる。

また決算確定日までに剰余金の処分により積立金として積立てる方法も認められている。

(6) 交換等により取得した資産の圧縮記帳

固定資産の交換は、法人税法上は譲渡として扱われるため、交換譲渡資産の帳簿価額と交換取得資産の時価の差額は譲渡損益となる。しかし、交換当事者の双方が1年以上所有していた固定資産であること、同程度の価額であること(交換の譲渡資産と取得資産の価額を比べて、その差額が高い方の価額の20%以内である)交換取得資産を交換譲渡資産の譲渡直前の用途と同一用途に供することを条件に、次の算式による交換差益の金額の範囲内で、圧縮記帳が認められる。

なお、この対象となる資産は、土地、建物、機械及び装置、船舶、鉱業権であり、交換の相手方において交換のために取得したと認められる場合には、圧縮記帳は認められない。

① 交換差金を授受していない場合

圧縮限度額（交換差益）＝取得資産の時価－(譲渡資産の帳簿価額＋譲渡経費)

② 交換差金を受けとった場合

圧縮限度額（交換差益）＝取得資産の時価－(譲渡資産の帳簿価額＋譲渡経費)×$\dfrac{取得資産の時価}{取得資産の時価＋交換差金}$

② 交換差金を支払った場合

圧縮限度額（交換差益）＝取得資産の時価－(譲渡資産の帳簿価額＋譲渡経費)

設例：A社は当期(自平成27年4月1日至平成28年3月31日)中において火災により、建物を全焼した。この建物には、保険が付されていたので、保険会社から受け取った保険金で焼失前と同じ目的に使用する代替の建物を取得

し、直ちに事業の用に供した。
よって次の資料に基づき、取得した建物に係る圧縮限度額を計算しなさい。
〈資料〉
焼失した建物の焼失直前の帳簿価額　3,000,000 円
保険金の受取額　　　　　　　　　　11,000,000 円
焼失地整理のための費用　　　　　　 1,000,000 円
代替資産の取得価額　　　　　　　　12,000,000 円

▷ **解　答**

改定保険金等の額 ＝ 11,000,000 − 1,000,000
　　　　　　　　 ＝ 10,000,000 円

保険差益金の額 ＝ 11,000,000 − 3,000,000
　　　　　　　 ＝ 8,000,000 円

圧縮限度額 ＝ 8,000,000 × $\dfrac{10,000,000\,*}{10,000,000}$

　　　　　 ＝ 8,000,000 円

＊代替資産の取得価額であるが、改定保険金等の額が額度となるため

設例：B 社は、C 社との間で、次の土地の交換をした。下記資料に基づき、B 社及び C 社について、それぞれその取得した土地の圧縮限度額を計算しなさい。
①　B 社が C 社から取得した土地
　　　時価 50,000,000 円（C 社の帳簿価額 8,000,000 円）
②　C 社が B 社から取得した土地
　　　時価 40,000,000 円（B 社の帳簿価額 10,000,000 円）
〈資料〉
①　B 社はこの取引に当たり、譲渡経費 750,000 を支出し、また、C 社に対して交換差金 10,000,000 円を支払った。
②　C 社はこの取引に当たり、譲渡経費 500,000 円を支出し、また、B 社から交換差金 10,000,000 円を受け取った。
③　この交換は、圧縮記帳の要件をすべて満たしている。

▷ **解　答**
B社
50,000,000円 − (10,000,000 + 750,000 + 10,000,000) = 29,250,000円
C社
$$40,000,000 円 − (8,000,000 + 500,000) \times \frac{40,000,000}{40,000,000 + 10,000,000} = 33,200,000$$

10 ｜ 引当金

（1）引当金の意義

　企業会計上、費用認識は、一般基準として発生主義によることとされている。従って、原則は、財貨を費消した時（役務の場合にも、役務の提供を受けた事により形成された価値を費消した時）、その消費された部分の価額が費用として認識されることになる。しかし、適正な期間損益計算のためには、財貨又は役務が消費されていなくても、これを見越して費用や損失の計上をしなければならない場合がある。

　即ち、減価償却は、先に支出があり徐々に費用化するのであるが、これは順番としては逆になり、先に徐々に費用化し、後から支出がなされるものである。

　引当金とは、この先に費用化した場合の会計処理の貸方科目である。即ち、借方が費用・損失（引当金繰入又は引当損など）の計上であり、対応する貸方が引当金となる。

　企業会計原則注解18では、この引当金は、次の4つの要件が満たされたときに計上することとされている。
　（1）将来の特定の費用又は損失であること
　（2）その発生が当期以前の事象に起因するものであること
　（3）発生の可能性が高いこと
　（4）その金額を合理的に見積ることができること
　また上記(1)からは当然のことではあるが、この注解18には、発生の可能性の低い偶発事象に係る費用又は損失については引当金を計上することはで

きない点が記されている。

よって企業会計上は、上記4つの要件に該当する場合には、引当金の計上が可能である。しかし法人税法においては、企業会計上の費用であったとしても損金に算入されるものは、法人税法として個別の規定で損金算入が認められているものを除き、債務として確定したものに限られる（法法22③二（括弧書き））ことから、個別の規定がおかれている貸倒引当金（法法52）と返品調整引当金（法法53）に限定されることになる。

（2）貸倒れと貸倒引当金
① 貸倒れ
貸倒れとは、債権の回収が不可能になることをいうが、この債権の回収不能額は、この貸倒が発生した事業年度において、貸倒損失として損金の額に算入されることになる。
この貸倒が発生した時期については、以下のような定めがある。
（A）金銭債権の全部又は一部を切り捨てた場合
次の事実が発生した場合は、その事実の発生した日の属する事業年度においてそれぞれに定める金額を貸倒損失として損金の額に算入する。
この場合は、いわば法律上の貸倒れであり、損金経理の有無に関係なく、発生した事業年度の損金の額に算入される。

（1）会社更生法による更生計画認可の決定
（2）民事再生法による再生計画認可の決定
（3）会社法による特別清算に係る協定の認可の決定
（4）法令の規定による整理手続によらない関係者の協議決定において、㋐債権者集会の協議決定で合理的な基準により債務者の負債整理を定めているもの、または㋑行政機関や金融機関等のあっせんによる当事者間の協議決定で内容が㋐に準ずるもの
（5）債務者の債務超過の状態が相当期間継続し、その金銭債権の弁済を受けることができないと認められる場合において、書面による債務者に対する債務免除の通知

上記(1)〜(4)の場合については、法的に金銭債権の全部または一部を切り捨てられることとなった部分の金額について、(5)については債務者に対して明らかにされた債務免除額が損金の額に算入される。

(B) 実質的に回収不能となった場合

その債務者の資産状況や支払能力等からみて、その全額が回収できないことが明らかになった場合には、その明らかになった事業年度において貸倒れとして損金経理をすることで、損金の額に算入される。ただし、その金銭債権について担保物がある場合には、その担保物を処分した後でなければ貸倒れとして損金経理をすることはできない。

これは、実質的に貸倒れとなった場合に、その実質から貸倒損失を認めるものであるが、全額が回収できない場合に限定されている。また上記(A)と異なり、損金経理が要件とされている（法基通9-6-2）。

(C) 一定期間取引停止後弁済がない場合等

債務者について次に掲げる事実が発生した場合には、その債務者に対して有する売掛債権（売掛金や未収金などの主たる営業活動から生じた債権。貸付金や立替金は含まれない。）について法人がその売掛債権の額から備忘価額（最低1円）を控除した残額を貸倒れとして損金経理をしたときは、損金の額に算入される（法基通9-6-3）。

(1) 債務者との取引を停止した時以後1年以上経過した場合（その売掛債権について担保物のある場合を除く。）
(2) 法人が同一地域の債務者について有するその売掛債権の総額がその取立てのために要する旅費その他の費用に満たない場合において、その債務者に対し支払を督促したにもかかわらず弁済がないとき

一般的な債権の消滅時効は民法167条において10年と定められているが、生産者、卸売商人又は小売商人が売却した産物又は商品の代価に係る債権等については2年（民法173条）、運送賃に係る債権や旅館、料理店、飲食店、貸席又は娯楽場の宿泊料、飲食料、席料、入場料、消費物の代価又は立替金に係る債権等については1年（174条）に時効が短縮されている。この民法

の時効短縮規定を考慮し、この取引停止後1年以上経過した場合の貸倒損失の計上を、損金経理を条件として認めている（法基通9-6-3）。

なお、最後の弁済期又は最後の弁済の時が取引停止後であるならば、これらのうち最も遅い時から1年以上経過した場合となる。また(1)の取引の停止は、継続的な取引を行っていた債務者につきその資産状況や支払能力等が悪化したためその後の取引を停止するに至った場合をいうことから、たまたま取引を行った債務者に対して有する売掛債権には、この取扱いの適用はされないことになる。

また(2)における同一地域とは、その法人が管理上分けている地域で良く、行政上の地域区分（都道府県や市区町村）と異なっても構わないものと考えられる。

② 貸倒引当金

この貸倒れのリスクは、当期の収益や資金調達の結果であり、適正な期間損益計算を重視すれば、将来の貸倒れの見込額の一定割合を当期の費用として計上することが望ましい。しかし法人税法は、債務確定主義を基本としていることから以下の一定の条件に該当する場合のみに限定して、これを認めている。

ただし、これを適用できる法人は、普通法人においては資本金の額又は出資金の額が一億円以下であるもの（資本金が5億円以上の法人の完全子会社などは除かれる（法法66⑥二、三））や公益法人、協同組合、銀行や保険会社等に限定されている（法法52①）。

(A) 個別評価金銭債権に係る貸倒引当金

(1) 範囲

個別評価金銭債権に係る貸倒引当金の対象となる金銭債権は、その債務者に会社更生法が適用されるなど一定の場合で、その一部につき貸倒れその他これに類する事由による損失が見込まれる金銭債権である。

この個別評価金銭債権の債務者に対する他の金銭債権がある場合には、その金銭債権も個別評価金銭債権に含まれる。すなわち、その債務者に対して有する金銭債権の全額が個別評価の対象とされ、一括評価の対象から除外される（法法52①）。

上記の「貸倒れその他これに類する事由」とは、売掛金、貸付金その他これらに類する金銭債権の貸倒れのほか、保証金や前渡金等について返還請求を行った場合にその返還請求債権が回収不能になったときも含まれる（法基通11-2-3）。

また金銭債権について手形を受け取った場合には、その金銭債権（既存債権）と手形債権とが併存するとされていることから、受取手形を裏書譲渡（割引を含む）したものがある場合には、この裏書手形や割引手形の金額を含んだ金額を個別評価金銭債権として取り扱うこととされている（法基通11-2-4）。ただしこの取扱いは、その裏書譲渡された受取手形の金額が財務諸表の注記等において確認できる場合に適用するとされている（法基通11-2-4（注））。

(2) 繰入限度額

個別評価金銭債権に係る貸倒引当金の繰入限度額（個別評価貸倒引当金繰入限度額）は、債務者ごとに、次のA～Dによって計算した金額の合計額となる（法令96①）。

A　金銭債権につきに長期棚上げがあった場合の繰入限度額

金銭債権が会社更生法等の規定による更生計画認可の決定等（＊）により、弁済が猶予され、又は賦払により弁済されることとなった場合には、この金銭債権の額からその事実が生じた事業年度終了後5年以内に弁済されることになっている金額と担保権の実行その他により取立て等の見込みがあると認められる部分の金額を控除した残額が繰入限度額となる。

（＊）前記「①貸倒れ」における「(A) 金銭債権の全部又は一部を切り捨てた場合」においての(1)～(4)に該当する場合である。

B　債務者の債務超過の状態が相当期間継続している場合等の繰入限度額

金銭債権（Aに該当するものを除く）の債務者について債務超過の状態が相当期間継続し事業の好転の見通しがないことや災害、経済事情の急変等によって多大な損害が生じたことなどによって、この金銭債権の一部の金額について取立て等の見込みがないと認められる場合のその金額が繰入限度額となる。

C　形式基準による繰入限度額

金銭債権（A、Bに該当するものを除く）の債務者について次のような事実が生じた場合には、金銭債権の額の50％が繰入限度額となる。

① 会社更生法等の規定による更生手続開始の申立て
② 民事再生法の規定による再生手続開始の申立て
③ 破産法の規定による破産手続開始の申立て
④ 会社法の規定による特別清算開始の申立て
⑤ 手形交換所による取引停止処分

なお、この金銭債権の額からは、債務者から受け入れた金額があるため実質的に債権とみられない部分の金額及び担保権の実行、金融機関等による保証債務の履行その他により取立て等の見込みがあると認められる部分の金額を控除することになる。

債務者から受け入れた金額があるため実質的に債権とみられない部分の金額とは、同一人に対して金銭債権と金銭債務がある場合における金銭債権のうち金銭債務までの金額をいい、金銭債権の回収不能を考慮する場合に金銭債務の部分は実質的に回収不能にはならないため、繰入限度額の計算からは除かれる。

なおこの金銭債務としては、支払手形は除かれる。手形の権利が譲渡された場合には、この手形債権を有する者が移転するため、同一人に対する債権債務の関係にはならないからである。

D　外国の公的債権に対する繰入限度額

外国の政府、中央銀行又は地方公共団体に対する金銭債権のうち、長期にわたる債務の履行遅滞によりその経済的な価値が著しく減少し、その弁済を受けることが非常に困難であると認められる金銭債権がある場合には、その金銭債権の額（これらの者から受け入れた金額があるため実質的に債権とみられない部分の金額及び保証債務の履行その他により取立て等の見込みがあると認められる部分の金額を控除した残額）の50％が繰入限度額となる。

(B) 一括評価金銭債権に係る貸倒引当金
(1) 範囲

一括評価金銭債権に係る貸倒引当金の対象となる金銭債権は、売掛金、貸付金その他これらに準ずる金銭債権（売掛債権等）のうち、個別評価金銭債権に該当するものを除いた金銭債権である（法法52②）。

また「その他これらに準ずる金銭債権」には、次のようなものが含まれる（法基通11-2-16）が、預貯金及びその未収利子，保証金，手付金，前渡金，前払給料，仕入割戻しの未収金等は除かれる（法基通11-2-18）。

① 未収譲渡代金、未収加工料、未収請負金、未収手数料、未収保管料、貸付金の未収利子で、益金の額に算入されたもの

② 他人のために立替払をした場合の立替金（将来精算される費用の前払として経理したものをのを除く。）

③ 未収の損害賠償金で益金の額に算入されたもの

④ 保証債務を履行した場合の求償権

(2) 繰入限度額
(a) 原則（実績繰入率による繰入限度額）

一括評価金銭債権に係る貸倒引当金については，次の算式で求めた金額を繰入限度額となる（法令96⑥）。

繰入限度額＝期末一括評価金銭債権の帳簿価額の合計額×実績繰入率

実績繰入率は、当期前3年以内に開始した各事業年度の実績により以下の算式で計算する。なお小数点以下4位未満の端数は切り上げる。

ただし、設立事業年度は以下の算式によってこの実績繰入率の数値を計算する。これは上記算式から、前年度が存在しない事から戻入額の控除を消去し、複数年による平均額を用いるところを単年度としたものである。

(b) 中小法人等の特例

(イ) 法定繰入率による繰入限度額

中小法人等では、実績繰入率による繰入限度額に代え、次の法定繰入率による繰入限度額を選択することができる（措法57の9①）。

⑦ 原則法

$$\text{繰入限度額} = \left(\text{一括評価金銭債権の帳簿価額の合計額} - \text{実質的に債権と認められないものの金額} \right) \times \text{法定繰入率}$$

実質的に債権とみられないものの金額とは、金銭債権と金銭債務がある場合において金銭債権のうち金銭債務までの金額をいう。これは、前記「個別評価金銭債権に係る貸倒引当金」の「(2) 繰入限度額」のところで記述した債務者から受け入れた金額があるため実質的に債権とみられない部分の金額とほぼ同様であり、債務者ごとに判定される（措令33の7②）。ただし、一括評価金銭債権における実質的に債権とみられないものの金額については、個別評価金銭債権における実質的に債権とみられない部分の金額とは異なり、支払手形も含まれる（措通57の9-1(1)）。

なお、債務者ごとに判定されることから、同一人に対する債権を債務等が上回っている場合においても、他の債務者に対する債権からは控除しない。

④ 基準年度実績による簡便法

個々の相手先について「実質的に債権とみられないものの額」を抽出計算するのは手間がかかることから、平成27年4月1日（＊）に存する法人に限り、実質的に債権とみられないものの金額を簡便法により算定することが認められている（措令33の7③）。

$$\text{実質的に債権と認めらないものの金額(簡便法)} = \text{一括評価金銭債権の帳簿価額の合計額} \times \text{簡便法による控除割合}$$

$$\begin{array}{l}\text{簡便法による控除割合}\\ \text{(小数点以下3位未満の} \\ \text{端数切捨て)}\end{array} = \frac{\text{各事業年度末の実質的に債権とみられないものの額の合計額}}{\text{各基準年度末の一括評価金銭債権の帳簿価額の合計額}}$$

＊平成27年改正までは、平成10年4月1日に存する法人に限り、基準期間を平成10年4月1日から平成12年3月31日として、簡便法が認められていた。

この算式の「各事業年度」は、平成27年4月1日から同29年月31日である。今後、簡便法を適用しようとする場合には、平成27年4月1日から同29年月31日までの間に開始した各事業年度のものを合計して、この算式に当てはめ、簡便法による控除割合を計算しておく必要がある。

法定繰入率は事業の区分に応じ、次の割合となる(措令33の7④)。

主たる事業	法定繰入率
卸・小売	0.010
製造	0.008
金融・保険	0.003
割賦小売	0.013
その他	0.006

(ロ) 公益法人等・協同組合等の繰入限度額の割増し

公益法人等・協同組合等の一括評価金銭債権に係る貸倒引当金の繰入限度額は12％の割増しの特例が認められている(措法57の9③)。

$$\text{繰入限度額} = \text{実績繰入率又は法定繰入率により計算した繰入限度} \times \frac{112}{100}$$

(C) 会計処理

当期に繰り入れた貸倒引当金は、翌期において全額取り崩して益金の額に算入することになっている(法法52⑨)。

従って、実際の貸倒れが発生した場合は、貸倒損失を別途計上することになる。

また、よって洗替法が原則的処理となるが、確定申告書に添付する明細書に当期の戻入額と繰入額が明示されていれば、差額補充法による経理も認められている（法基通11-1-1）。

設例：前期末に貸倒引当金への繰入額が200,000円であったが、当期の要設定額は300,000である

　洗替法
　（前期分）貸倒引当金　200,000／貸倒引当金戻入　200,000
　（当期分）貸倒引当金繰入　300,000／貸倒引当金　300,000
　差額補充法
　（当期分）貸倒引当金繰入　100,000／貸倒引当金　100,000

なお、この差額繰入れ又は取崩しの特例は、他の引当金についても適用される。

（3）返品調整引当金
① 概要

出版業その他一定の事業を営むもののうち、常時、その販売するたな卸資産の大部分につき、販売の際の価額での買戻し等の特約を結んでいるものが、買戻しによる損失の見込額として、損金経理により返品調整引当金勘定に繰り入れた金額については、その金額のうち繰入限度額に達するまでの金額は損金に算入することになる。（法法53①）

ただし、上記により損金に算入された返品調整引当金の金額は、貸倒引当金と同様に、翌事業年度の所得金額の計算上益金に算入することになる（法法53⑦）。

② 対象事業者の範囲

返品調整引当金を設けることのできるものは、次の事業（対象事業）を営む法人に限られている（法令99）。

- 出版業（その取次業を含む）
- 医薬品（医薬部外品を含む）の製造業、卸売業
- 農薬の製造業、卸売業
- 化粧品の製造業、卸売業
- 既製服の製造業、卸売業
- 音楽用レコード・CD等の製造業、卸売業

③ 繰入限度額の計算

返品調整引当金の繰入限度額は、次のいずれかの金額とされている（法令101）。

(1) 期末売掛金方式

　　繰入限度額＝その事業に係る期末売掛金の額×返品率×売買利益率

(2) 売上高方式

　　繰入限度額＝その事業に係る期末以前2カ月間の売上金額×返品率
　　　　　　　　×売買利益率

この売掛金には、対象事業に係る売掛金について取得した受取手形は含むものとされている（法基通11-3-2）。

また、割戻しがある場合には、「その事業に係る期末前2カ月間の売上金額」の計算には、次の算式により計算した金額を控除した金額による。（法基通11-3-3）

その事業に係る期末前2カ月間の売上金額 ＝ 当該事業年度において割戻しをした金額 × $\dfrac{\text{当該2か月間の割戻を行う前における棚卸資産の販売の対価の額の合計額}}{\text{当該事業年度の割戻を行う前における棚卸資産の販売の対価の額の合計額}}$

その他、法人税基本通達には、計算上の留意点として、特約に基づく買戻しがある場合の期末前2月間の棚卸資産の販売の対価の額の合計額の計算（法基通11-3-4）、買戻しに係る対価の額の計算（法基通11-3-5）等、詳細な定めがおかれている。

設例：次の資料により、製造業を営む株式会社Ａ工業の当期(自平成27年4月1日至平成28年3月31日)における貸倒引当金一括評価金銭債権に係る貸倒引当金(原則法))の繰入限度超過額を、計算しなさい。

〈資料〉
1. 期末資本金額 30,000,000円
※当社は資本(出資)金の額が5億円以上である法人の100％子法人及び100％グループ内の複数の資本(出資)金の額が5億円以上である法人に発行済株式等の全部を保有されている法人ではない。
2. 期末における債権の内訳
   (1) 受取手形 55,200,000円（この中には(2)の割引手形の金額は含まれていない。）
   (2) 割引手形 61,300,000円（すべて売掛金の回収として取得した手形を銀行で割り引いたもので、期末現在において支払期日未到来であり、その金額は個別注記表に表示されている。）
   (3) 売掛金　51,300,000円
   (4) 貸付金　3,500,000円（仕入先に対する貸付金である。）
   (5) 仮払金　250,000円（従業員に対する給料の前払額である。）
3. 実質的に債権とみられないものの額　2,550,000円
4. 当期末において繰り入れた貸倒引当金の額　2,200,000円
5. その他の資料
   (1) 一部につき貸倒れが見込まれる債権はない。
   (2) 繰入率は、法定繰入率を適用する。

▷解　答

1. 期末一括評価金銭債権の帳簿価額の合額
   55,200,000 + 61,300,000 + 51,300,000 + 3,500,000 = 171,300,000円
2. 実質的に債権とみられないものの額
   資料より、2,550,000円
3. 実質的に債権とみられないものを控除後の一括評価金銭債権の額
   171,300,000 - 2,550,000 = 168,750,000円
4. 当期繰入限度額

$$168{,}750{,}000 \times \frac{8}{1000} = 1{,}350{,}000 \text{ 円}$$

法定繰入率は、前々頁の法定繰入率の表より、製造業は0.008である。
5. 繰入限度超過額
$2{,}200{,}000 - 1{,}350{,}000 = 850{,}000$ 円

11 │ 欠損金の繰越

（ここでは、平成24年4月1日以降に開始した事業年度において適用されている制度について説明する。）

① 欠損金

その事業年度の損金の額がその事業年度の益金の額を超える場合の、その超える部分の金額を欠損金額という（法法2⑩）。

ここで、法人税の税額の計算は、各事業年度ごとに区切って行う（法法22①）のであるから、前期以前に生じた欠損金額を当期の損金の額に算入することは、本来は認められないわけである（事業年度独立の原則）。

しかし、現実には、法人は継続して事業を営んでいることから、ある事業年度の欠損金額を他の事業年度の利益金額と通算せずに、利益の生じた事業年度についてだけ課税する原則を貫くと、税負担が過重となることが考えられる。

その点を考慮し、事業年度独立の原則の例外として、一定の要件に該当する欠損金額については、平成24年4月1日以降に開始した事業年度においては「翌期以後9年以内の事業年度への繰越し」が認められている。（なお、平成30年4月1日以降に開始する事業年度については「9年」が「10年」となる。）

② 欠損金額の繰越控除の要件

欠損金額の繰越控除の制度は、前期以前に生じた欠損金額がある場合に、次の要件の全てに該当すれば、その欠損金額を、当期の所得金額に下記「控除限度額と繰越期間」の表の事業年度に応じてそれぞれの割合を乗じた金額

を限度として、当期の所得金額から控除することができる制度である(法法57)。なお、資本の額が1億円以下である中小法人などは、控除できる金額に制限はない(法法57⑨)。

　イ　各事業年度開始の日前9年以内に開始した事業年度において生じた税務計算上の欠損金額であること（なお、平成30年4月1日以降に開始する事業年度については「9年」が「10年」となる。）

　ロ　青色申告書を提出した事業年度に生じた欠損金額であること

　ハ　その後において連続して確定申告書を提出していること（この確定申告書はロのように青色申告書である必要はない）

　ニ　欠損金額の生じた事業年度に係る帳簿書類を保存していること

控除限度額と繰越期間

対象事業年度	控除限度額（注）	繰越期間
平成24年4月1日から平成27年3月31日までの間に開始する事業年度	所得の金額の80%	9年
平成27年4月1日から平成28年3月31日までの間に開始する事業年度	所得の金額の65%	
平成28年4月1日から平成29年3月31日までの間に開始する事業年度	所得の金額の60%	
平成29年4月1日から平成30年3月31日までの間に開始する事業年度	所得の金額の55%	
平成30年4月1日以後に開始する事業年度	所得の金額の50%	10年

（注）資本の額が1億円以下である中小法人などは、控除限度額の制限はない。

③　繰越控除を行う順序について（法基通12-1-1）

　イ　繰越欠損金は最も古い事業年度において生じたものから順次控除する。

　ロ　控除できる限度額は上記「控除限度額と繰越期間」の表のとおりである（ただし、中小法人などは、限度額はなく、その事業年度の所得の金額が限度となる）。

　　　控除できなかった欠損金は更に翌期以降に繰り越すこととなる。

（なお、他に「前1年以内の事業年度への繰戻し」の制度もあるが、この制度は現在原則的には適用が停止されているため、説明を省略する。）

第5章 税額の計算

1 | 法人税率・税額

(1) 法人税額の計算の概要

各事業年度の所得に対する法人税は、その課税標準である各事業年度の所得の金額に法人税率を適用して算出される。

この算出税額から、各種の特別税額控除の適用による控除をして、各種の特別税率による税額が加算し、利子・配当等について納付された所得税額や国外源泉所得について納付された外国税額等を一定の要件の下で控除し、納付すべき法人税額が計算される。なお、中間納付額（法法76）がある場合には、確定申告に当たり、その納付額を控除した金額が納付すべき法人税額

(参考1) 税額計算のフロー図

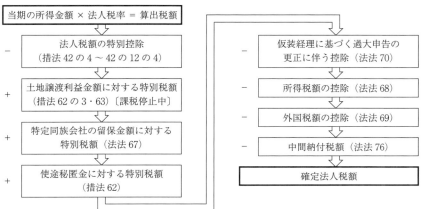

〔確定法人税額〕となる。

(注) 国税の確定金額に100円未満の端数がある場合、またはその全額が100未満である場合には、その端数金額または全額を切り捨てることとされている（国税通則法119①）。

（2）各事業年度の所得に対する法人税の税率

各事業年度の所得に対する法人税には、基本税率のほかに、中小法人の所得800万円以下の部分に係る軽減税率や公益法人等及び協同組合等に係る軽減税率が設けられているほか、平成20年9月のリーマン・ショックを契機として軽減税率の時限的引下げ措置が講じられており、具体的には、法人の区分に応じ、それぞれ次のとおりとなっている（法法66①～③、措法42の3の2、平成28年改正法附則26）。

(平成28年4月1日現在)

法人の区分	事業年度	平成28年4月1日以後開始事業年度	平成30年4月1日以後開始事業年度
中小法人以外の普通法人		23.4%	23.2%
中小法人、一般社団法人等又は人格のない社団等	年800万円以下の所得	19%（15%）	19%
	年800万円超の所得	23.4%	23.2%
公益法人等（一般社団法人等を除く。）	年800万円以下の所得	19%（15%）	19%
	年800万円超の所得	19%	
協同組合等	年800万円以下の所得	19%（15%）	19%
	年800万円超の所得	19%	

(注) 1 「中小法人」とは、普通法人のうち各事業年度終了の時において資本金の額若しくは出資金の額が1億円以下であるもの又は資本若しくは出資を有しないものをいう（法法66②）。ただし、各事業年度終了の時において次の法人に該当するものについては中小法人から除外される（法法66⑥）。
　　① 保険業法に規定する相互会社
　　② 大法人（次に掲げる法人をいう。）との間にその大法人による完全支配関係（法法2十二の七の六）がある普通法人
　　　イ 資本金の額又は出資金の額が5億円以上である法人
　　　ロ 相互会社等
　　　ハ 受託法人（法法4の7）
　　③ 普通法人との間に完全支配関係がある全ての大法人が有する株式及び出資の全部をその全ての大法人のうちいずれか一の法人が有するものとみなした場合においてそのいずれか一の法人とその普通法人との間にそのいずれか一の法人による完全支配関係があることとなるときのその普通法人
　　④ 投資法人
　　⑤ 特定目的会社
　　⑥ 受託法人

2 「一般社団法人等」とは、法人税法別表第二に掲げる非営利型法人である一般社団法人・一般財団法人（法法２九の二）及び公益社団法人・公益財団法人をいう。
3 「公益法人等」とは、法人税法別表第二に掲げる法人をいう（法法２六）。
4 「協同組合等」とは、法人税法別表第三に掲げる法人をいう（法法２七）。
5 表中のカッコ書の税率は、平成29年3月31日までの間に開始する事業年度について適用される。なお、平成29年度改正により適用期限が2年延長される予定である。
6 事業年度の期間が1年未満の法人については、年800万円とあるのは、800万円×その事業年度の月数／12として計算する（法法66④）。

(参考2-1) 実効税率の推移

「課税ベースを拡大しつつ税率を引き下げる」という考え方の下、平成27年度に着手した法人税改革の結果、目標とされていた法人実効税率の「20％台」への引下げが実現されたところである。

法人の課税所得に対しては法人税（国税）のほかに、事業税・地方法人特別税や法人住民税といった地方税も課税される。法人の実質的な税負担率である実効税率の計算に当たっては、事業税・地方法人特別税が翌期の法人税及び事業税の所得計算上損金の額に算入されるので、その点を調整し、次の算式で計算している。

$$法定実効税率 = \frac{法人税率 \times (1 + 地方法人税率 + 住民税率) + 地方法人特別税率 \times 事業税率（※1）+ 事業税率（※2）}{1 + 地方法人特別税率 \times 事業税率（※1）+ 事業税率（※2）}$$

（※1）事業税の標準税率
（※2）各地方団体が条例で定めた事業税率（標準税率又は超過税率）

（単位：％）

	H26	H27	H28	H30
法　人　税　率	25.50	23.90	23.40	23.20
事　業　税　率	4.30	3.10	0.70	3.60
地方法人特別税率	67.40	93.50	414.20	―
住　民　税　率	12.90	12.90	12.90	7.00
地方法人税率	4.40	4.40	4.40	10.30
表面税率（分子）	37.11	34.03	31.05	30.81
事業税等込所得（分母）	107.198	105.999	103.599	103.600
実　効　税　率	34.62	32.11	29.97	29.74

（備考）平成28年4月1日現在。次頁（参考2-2）も参照のこと。

(参考 2-2) 法人実効税率の国際比較（平成 28 年 4 月 1 日現在）

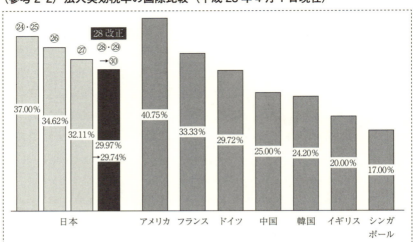

（出典）財務省 HP
（備考）法人所得に対する税率（国税・地方税）。地方税は、日本は標準税率、アメリカはカリフォルニア州、ドイツは全国平均、韓国はソウル市。なお、法人所得に対する税負担の一部が損金算入される場合は、その調整後の税率を表示。

Column 「中小法人」の範囲

軽減税率の適用対象となる「中小企業」の範囲については、政府税制調査会「法人税の改革について」（平成 26 年 6 月 27 日）は、「企業規模を見る上での資本金の意義は低下してきており、資本金基準が妥当であるか見直すべきである。」旨指摘し、また、「平成 28 年度税制改正大綱」（平成 27 年 12 月、自由民主党・公明党）は、「資本金以外の指標を組み合わせること等により、法人の規模や活動実態等を的確に表す基準に見直すことについて検討する。」旨、指摘している。この「資本金 1 億円以下」という水準は、我が国における法人数の 99.1％を占めており（国税庁「平成 26 年度分 会社標本調査・調査結果報告」（平成 28 年 3 月））、今後の改正動向に注視する必要があろう。

Column 法人税における累進税率

現行制度のような普通法人に対する二段階税率は、昭和 30 年の改正において講じられたものであるが、「理論的にいえば現在の税法は、いろいろな意味

で修正はされているが、依然としてシャウプ勧告の法人、個人を一体とするという考え方の上に立っている。〔中略〕それから見ると、累進税率を設けたことは理論的にもおかしい。」との指摘がなされている（吉国二郎「国税改正の概要」租税研究 63 号、9 頁）。

また、累進税率の導入に関し、累次の政府税制調査会答申においては中立性の観点から、単一の比例税率であるべきとして否定的である。例えば、「財政体質を改善するために税制上とるべき方策についての答申」（昭和 55 年 11 月）においては、「税負担の回避のための会社分割を招くおそれがあること、事業の性格上資本規模や所得の絶対額が当然大きくならざるを得ない法人が相対的に不利になること等、企業の規模、形態に差別的に働くおそれがあるほか、新技術の開発による創業者利潤を不利に取り扱うことによって経済の発展性、効率性を阻害する等の問題を生じさせるおそれもある」と指摘している（同答申 24 頁）。

設例：（計算例）

当社（資本金 1 億円）の当期（平成 29 年 4 月 1 日～平成 30 年 3 月 31 日）の所得金額は 53,800,459 円である。当期の法人税額を計算しなさい。
（注）当社は、資本金 5 億円以上である法人や相互会社等による完全支配関係を有していない。

【計算】

適用税率については、110 頁の表を参照のこと。「当社」は「中小法人」に該当するので、年 800 万円以下の所得について軽減税率が適用される。

① 課税標準である所得金額（1,000 円未満の端数切捨て。国税通則法 118 ①）
53,800,000 円

② 年 800 万円相当額以下の所得金額に対する税額
8,000,000 円 × 12 ／ 12 × 15% = 1,200,000 円

③ 年 800 万円相当額を超える所得金額に対する税額
[53,800,000 円 − 8,000,000 円 × 12 ／ 12] × 23.4% = 10,717,200 円

④ 法人税額合計（② + ③）
11,917,200 円

2 | 特定同族会社の特別税率

（1）制度の趣旨等

同族会社においては、利益を内部に留保することによって、個人段階における所得税の累進課税を回避することができる。留保金課税制度は、同族会社の過大な所得の留保部分に対して一定の課税を行うことにより、間接的に配当支出の誘因としての機能を果たしつつ、法人形態による税負担と個人形態によるそれとの負担差を調整しようというものであり、現行の法人税と個人所得税の基本的仕組みを前提とする以上、当然に必要とされる制度とされている（政府税制調査会『法人課税小委員会報告』（平成8年11月）、67頁）。

（2）制度の概要

特定同族会社〔1株主等による持株割合等が50％を超える会社〕の各事業年度の留保金額が留保控除額を超える場合には、その特定同族会社に対して課する各事業年度の所得に対する法人税の額は、留保控除額を超える部分の金額に次の区分に応じた税率を乗じて計算した金額を通常の法人税の額に加算する（法法67）。

〔留保控除額〕（次のうち最も多い額）

所 得 基 準 額	所得等の金額の40％
定 額 基 準 額	年2,000万円
積 立 金 基 準 額	資本金の25％相当額－利益積立金額

〔税率〕

課税留保金額	税率
年3,000万円以下の金額	10％
年3,000万円超1億円以下の金額	15％
年1億円超の金額	20％

(参考1) 留保金課税の概要（イメージ）

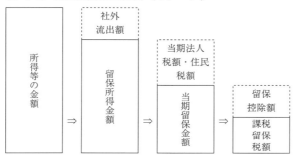

(参考2) 適用対象となる同族会社の範囲

　平成18年度改正前は、留保金課税の対象となる同族会社は、その会社の株主のうち3株主グループ以下の株主等でその会社の発行済株式の数等の総数の50％を超えている数等を有する場合の同族会社とされていたが、平成18年改正においては、共同出資型のベンチャー企業経営が進展するなど、株主グループ相互の独立性が高まっている状況を踏まえ、留保金課税の対象となる同族会社の判定について、3株主グループによる判定から1株主グループによる判定へ緩和する改正が行われた（この判定による本制度の適用対象となる同族会社を「特定同族会社」という。）。

　平成19年度改正においては、産業競争力を高め、中小企業の財務基盤の強化を図る観点から、外部からの資金調達が難しい状況にあるといった中小企業の特性を踏まえ、留保金課税の適用対象となる特定同族会社から、当該事業年度終了の時における資本金の額が1億円以下である会社が除外された。

　平成22年度改正においては、資本金の額又は出資金の額が5億円以下である法人等との間にその法人による完全支配関警がある普通法人に該当するもので資本金の額又は出資金の額が1億円以下の会社、投資法人及び特定目的会社は、特定同族会社から除外されないこととされた。

(参考3) 同族会社、留保金課税等の状況

(単位：社、百万円)

	平成24	平成25	平成26
同 族 会 社	2,426,703	2,477,957	2,494,878
特 定 同 族 会 社	5,511	5,314	5,094
課 税 対 象 会 社 数	3,589	3,551	3,316
留 保 税 額	45,110	62,497	61,643

(備考) 国税庁『会社標本調査―調査結果報告―』各年度分版を基に作成。
(注) 単体法人の計数であり、課税対象会社数は対象会社の事業年度数である。

3 使途秘匿金の特別税率

(1) 制度の趣旨

　支出先が判然としない支出については、法人税の課税所得の計算上、これを損金の額に算入することはできないものとして取り扱われてきたが（法基通9－7－20)、この制度は、企業が相手先を秘匿するような支出は、違法ないし不当な支出につながりやすく、それがひいては公正な取引を阻害することにもなるので、そのような支出を極力抑制するために、政策的に追加的な税負担を求めることとしたものである。

　このような使途不明金問題は企業経営者のみならず社会的なモラルの問題でもあり、このような問題を是正するために税制を活用することには否定的な見解もあることから、時限的な措置として創設された（政府税制調査会「平成6年度の税制改正に関する答申」(平成6年2月) 5～6頁参照）ところであるが、平成26年度改正により適用期限が撤廃され、恒久的措置とされている。

(2) 制度の概要

　この制度は、法人が、使途秘匿金の支出について納税義務があるものとし、法人が平成6年4月1日以後に使途秘匿金の支出をした場合には、通常の法人税に加え、使途秘匿金の支出額の40％相当額の法人税を課税するというものである（措法62)。

なお、40％の根拠は、この追加課税により、地方税を含め、支出額のおおむね100％（注）の税負担を求めるものとして決定されたものである。

（注）49.98％（当時の実効税率）＋40％×1.173（法人住民税を考慮）＝96.9％

（3）「使途秘匿金の支出」の意義等

　この制度の対象となる「使途秘匿金の支出」とは、法人がした金銭の支出（贈与、供与その他これらに類する目的のためにする金銭以外の資産の引渡しを含む。）のうち、相当の理由がなく、その相手方の氏名等（相手方の氏名又は名称及び住所又は所在地並びにその事由をいう。）を帳簿書類に記載していないものをいう。ただし、資産の譲受けその他の取引の対価の支払としてされたもの（当該取引の対価として相当であると認められるものに限る。）であることが明らかなものは含まれない（措法62②）。

　また、法人がした金銭の支出につき、相手方の氏名等をその帳簿書類に記載しているかどうかの判定は、原則として、事業年度終了の日の現況によるものとされているが、確定申告書の提出期限の時において帳簿書類に記載されている場合には、事業年度終了の日においてその記載があつたものとみなされる（措令38①②）。

4 ｜ 所得税額控除

（1）制度の趣旨・概要

　内国法人が支払いを受けた利子及び配当等（所法174各号）について所得税法の規定より源泉徴収された所得税は、法人にとっては法人税の前払の性質を有するものであることから、所得税と法人税の二重課税を排除するために、法人税額から控除され、控除しきれない金額があるときは、還付される（法法68①、78①）。

　なお、法人税額から控除される所得税額については、二重控除とならないように損金の額に算入されない（法法40）。

（2）所有期間按分

　所得税額の控除の適用を受ける場合に、その所得税額が、剰余金の配当、利益の配当、剰余金の分配（みなし配当等を除く。）若しくは金銭の分配（投資信託及び投資法人に関する法律第137条又は資産の流動化に関する法律第115条第1項に規定する金銭の分配をいう。）又は集団投資信託（合同運用信託、公社債投資信託及び公社債等運用投資信託を除く。）の収益の分配に対する所得税額については、その元本を所有していた期間に対応する部分の金額だけが控除の対象となる。

　この場合の元本の所有期間に対応する部分の金額は、法人税の選択により次の①又は②のいずれかの算式により計算した金額によることができることとされている（法令140の2②～⑥）。

　① 原則的計算法

$$\text{所得税額} \times \frac{\text{分母の期間のうちに元本所有期間の月数}}{\text{配当等の計算期間の月数}} \left(\text{小数点以下3位未満切上げ}\right) = \text{控除税額}$$

　② 簡便計算法

$$\text{所得税額} \times \frac{\text{配当等の計算期間開始時の所有元本数} + \left(\text{配当等の計算期間終了時の所有元本数} - \text{配当等の計算期間開始時の所有元本数}\right) \times \frac{1}{2} \text{又は} \frac{1}{12}}{\text{配当等の計算期間終了時の所有元本数}} \left(\text{小数点以下3位未満切上げ}\right) = \text{控除税額}$$

(注)「簡便計算法」は、配当等の元本を①株式及び出資と②集団投資信託の受益権とに区分し、さらにその配当等の計算期間が1年以下のものと1年超のものとに区分した上で、その区分に属するもの全てについて、その銘柄ごとに計算する必要がある。

（3）適用要件等

　所得税額の控除の適用を受けるためには、確定申告書、修正申告書又は更正請求書にその控除を受けるべき金額及びその計算に関する明細を記載した書類を添付する必要がある。また、控除金額は、控除をされるべき金額として記載された金額が限度とされている（法法68③）。

設例：（計算例）

当社の当期（平成29年4月1日～平成30年3月31日）において収受した利子・配当等の額は、次のとおりである。税引手取額を収益に計上している。

区分	配当等の計算期間	配当等の額	源泉所得税額等
A株式	平28.10.1～平29.9.30	500,000円	102,100円
B株式	平28.4.1～平29.3.31	800,000円	122,520円
C株式	平29.1.1～平29.12.31	400,000円	81,680円
D株式投資信託	平29.1.1～12.31	300,000円	45,945円
E銀行預金利息		200,000円	30,630円

（注）1　B株式の異動状況は、次のとおりである。
　　　① 平成28年4月1日現在所有株式数　　　13,000株
　　　② 平成29年2月28日現在所有株式数　　　12,000株
　　　③ 平成29年3月10日取得株式数　　　　　3,000株
　　　④ 平成29年3月31日現在所有株式数　　　15,000株
　　2　A株式、C株式及びD株式投資信託は、いずれも前期以前に取得したものであり、取得以来当期末まで所有株式数等に異動はない。
　　3　源泉所得税等には、復興特別所得税を含んでいる。

【計算】
　B株式は、（注1）の記載のとおり、配当の計算期間中に異動があるので、元本の所有期間に対応する部分の金額を計算する必要がある。この計算は、前頁の説明にあるように原則法と簡便法の2つの方法が認められているので、それぞれ計算し、当社にとって有利な方（控除額が大きい方）を採用する。

1　株式の控除所得税額
　(1)　原則法
　　①　B株式
　　　　122,520円×12,000株／15,000株×12／12＋122,520円
　　　　×3,000株／15,000株×1／12(0.084)＝100,074円

② A株式 102,100円＋C株式 81,680円＝183,780円
　③ 合計　　100,074円＋183,780円＝283,854円
(2) 簡便法
　① B株式

$$122,520円 \times \frac{13,000株 + (15,000株 - 13,000株) \times 1/2}{15,000株}(0.934)$$

　　＝114,433円
　② A株式 102,100円＋C株式 81,680円＝183,780円
　③ 合計　　114,433円＋183,780円＝298,213円
2　控除所得税額合計
　　298,213円（株式分）＋45,945円（D株式投資信託分）
　　　＋30,630円（E銀行預金利息分）＝374,788円

5 ｜ 外国税額控除

(1) 制度の趣旨・概要

　わが国の税制においては、内国法人の外国支店等で生じた所得を含むその内国法人の全世界所得を課税標準として法人税を課することとしているが、外国支店等で生じた所得については、通常、所在地国においても課税されることとなるため、同一の所得に対してわが国と外国の双方で課税されることとなり、国際的な二重課税が生ずることとなる。

　こうした国際的な二重課税を排除するため、内国法人が各事業年度において外国法人税を納付することとなる場合には、原則として、次の算式により計算した金額〔控除限度額〕を限度として、その外国法人税額をその事業年度の所得に対する法人税の額から控除することとしている（法法69①）。

《算式》

$$控除限度額 = 当該事業年度の所得金額（全世界所得）に対する法人税 \times \frac{当該事業年度の調整国外所得金額（注）}{当該事業年度の所得の金額（全世界所得）}$$

（注）「当該事業年度の調整国外所得金額」は、当該事業年度の国外所得金額から外国法人税が課税されない国外所得金額を控除した金額をいい、当該事業年度の所得金額（全世界所得金額）の90％を超える場合には、90％相当額が限度とされる。

　この場合に、当期の控除対象外国法人税額が当期の控除限度額を超えるために控除しきれない金額が生じた場合には、その控除しきれない金額〔控除限度超過額〕は、翌期以降に繰り越して、その後3年以内の事業年度において控除限度額に余裕が生じた際にその範囲内で法人税額から控除することができ、逆に、当期の控除対象法人税額が当期の控除限度額に満たないため控除限度額に余裕が生じたときは、その余裕額〔控除余裕額〕は翌期以降3年以内の事業年度において控除限度額として使用することができることとされている（法69②③）。

　なお、法人税額から控除される控除対象外国法人税額は、損金の額に算入されない（法法41）。

（注1）外国法人税の範囲

外国法人税とは、外国の法令に基づき外国又はその地方公共団体により法人の所得を課税標準として課される税をいう（法令141）。

〔外国法人税に含まれるもの〕

① 超過利潤税その他法人の所得の特定の部分を課税標準として課される税

② 法人の所得又はその特定の部分を課税標準として課される税の附加税

③ 法人の所得を課税標準として課される税と同一の税目に属する税で、法人の特定の所得につき、徴税上の便宜のため、所得に代えて収入金額その他これに準ずるものを課税標準として課

されるもの
④ 法人の特定の所得につき、所得を課税標準とする税に代え、法人の収入金額その他これに準ずるものを課税標準として課される税

〔外国法人税に含まれないもの〕
① 税を納付する者が、当該税の納付後、任意にその金額の全部又は一部の還付を請求することができる税
② 税の納付が猶予される期間を、その税の納付をすることとなる者が任意に定めることができる税
③ 複数の税率の中から税の納付をすることとなる者と外国・地方公共団体又はこれらの者により税率の合意をする権限を付与された者との合意により税率が決定された税で、最も低い税率を上回る部分（「Column 外国法人税の意義」参照）
④ 外国法人税に附帯して課される附帯税に相当する税その他これに類する税

(注2) 控除対象外国法人税額
外国法人税のうちその所得に対する負担が高率（35％超）部分の額、通常行われる取引と認められない取引に基因して生じた所得に対して課される外国法人税の額その他一定の外国法人税の額については、外国税額控除の対象から除外される。

Column　外国法人税の意義

外国法人税の意義について争われたガーンジー島事件（最判平成21年12月3日・税務訴訟資料第259号—229（順号11342））においては、外資系企業に対する法人税率を0〜30％の間で任意選択することを可能なガーンジーの法令に基づき税率26％を適用して納付した本件外国税について、「本件外国税は、ガーンジーの法令に基づきガーンジーにより本件子会社の所得を課税標準として課された税であり、そもそも租税に当てはまらないものということはできず、また、外国法人税に含まれないものとされている法人税法施行令141条3項1号又は2号に規定する税にも、これらに類する税にも当たらず、法人税に相当する税ではないということも困難であるから、外国法人税

> に該当することを否定することはできない。」と判示した（納税者勝訴）。この判決を受け、「複数の税率の中から納税者と外国当局等との合意により税率が決定された税について、最も低い税率を上回る部分」は外国法人税に該当しないとする規定が創設された。

（2）みなし外国税額控除

　開発途上国においては、経済開発を促進する観点から先進国の企業を誘致するため、税制上の優遇措置を設けることがあるが、先進国がこのような開発途上国の優遇措置を考慮せずに自国の企業に課税を行えば、優遇措置の有無にかかわらず企業の税負担は等しくなるため、優遇措置の効果が薄れることとなる。そこで、先進国と開発途上国の間の租税条約においては、開発途上国に投資している先進国の居住者が優遇措置により減免を受けた租税の額を開発途上国において納付したものとみなして外国税額控除を認める旨の定めを置くことがあり、これをみなし外国税額控除という。

（参考）みなし外国税額控除の仕組み

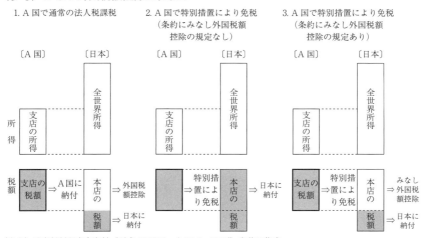

（出典）政府税制調査会資料（平成19.10.12・企17-7、25頁）を基に作成。

（3）適用要件等

　外国税額の控除の適用を受けるためには、確定申告書、修正申告書又は更

正請求書にその控除を受けるべき金額及びその計算に関する明細を記載した書類を添付するほか、外国法人税を課されたことを証する書類を保存する必要がある。また、控除金額は、控除をされるべき金額として記載された金額が限度とされている（法法69⑮他）。

▶練習問題
外国税額控除制度の趣旨と仕組みについて確認すること。

6 │ 法人税額の特別控除

（1）趣旨等
　試験研究の促進、民間設備投資や雇用の促進、中小企業対策といった各種の政策目的を推進するための特別措置として、一定の要件の下、法人税額から控除することが認められている。

　これらの特別措置は、基本的には、青色申告法人に限って適用が認められており、確定申告書に控除の金額等及び控除の金額の計算明細が記載された書類を添付した場合に限り適用することができる（措法42の4⑧他）。

　また、租特透明化法に基づく「適用額明細書」を作成し、確定申告書に添付して提出する必要もある（租特透明化法3）。

（参考）企業関係租税特別措置の手法

税額控除	各事業年度の所得に対する法人税額から一定の割合の税額を控除することにより、法人税を減免する方式
所得控除	特定の収入金額、所得金額等の一定の割合の金額を損金の額に算入することにより、法人税を減免する方式
特別償却 ・特別償却	特定の償却資産について、取得時に、通常の減価償却とは別に取得価額の一定割合を償却することにより、課税を繰り延べる方式
・割増償却	特定の償却資産について、一定期間にわたり、通常の減価償却とは別に普通償却限度額の一定割合を償却することにより、課税を繰り延べる方式
準備金	特定の費用又は損失に充てるために準備金として積み立てた金額を損金の額に算入することにより、課税を繰り延べる方式

（2）特別控除制度の概要（租税特別措置法関係）

　租税特別措置法において講じられている法人税額の特別控除の概要は、次のとおりである（平成28年4月1日現在）。

　なお、法人が一事業年度において2以上の規定の適用を受けようとする場合において、その適用を受けようとする規定による税額控除（可能）額の合計額は、当該事業年度の所得に対する法人税の額の90％相当額を限度とされている（措法42の13）。

制　度　名	概　　　要
試験研究を行った場合の法人税額の特別控除（措法42の4）	①　試験研究費の総額に係る税額控除制度 　この制度は、法人のその事業年度において試験研究費の額がある場合に、その試験研究費の額の一定割合の金額をその事業年度の法人税額から控除することを認めるものである。 ②　中小企業技術基盤強化税制 　この制度は、中小企業者等である法人のその事業年度において試験研究費の額がある場合に、上記①との選択適用で、その試験研究費の額の12％相当額をその事業年度の法人税額から控除することを認めるものである。 ③　特別試験研究に係る税額控除制度 　この制度は、法人のその事業年度において特別試験研究費の額がある場合に、上記①及び②の制度とは別枠でその特別試験研究費の額の20％又は30％相当額をその事業年度の法人税額から控除することを認めるものである。 ④　試験研究費の額が増加した場合等の税額控除制度 　この制度は、法人の試験研究費の額がある場合で、次のいずれかに該当するときに、上記①〜③の制度とは別枠でその試験研究費の額の一定割合の金額をその事業年度の法人税額から控除することを認めるものである。 イ　増加試験研究費の額が比較試験研究費の額の5％相当額を超え、かつ、試験研究費の額が基準試験研究費の額を超える場合 ロ　その試験研究費の額が、その事業年度の平均売上金額の10％相当額を超える場合
エネルギー環境負荷低減推進設備等を取得した場合の法人税額の特別控除（措法42の5）	この制度は、法人が指定期間内に、新品のエネルギー環境負荷低減推進設備等の取得等をして、その取得等をした日から1年以内に国内にある事業の用に供した場合には、その事業の用に供した事業年度において、特別償却との選択により税額控除（対象設備の取得価額の7％相当額）を認めるものである。
中小企業者等が機械等を取得した場合の法人税額の特別控除（措法42の6）	この制度は、中小企業者等が指定期間内に新品の機械及び装置などの取得等をして指定事業の用に供した場合に、その指定事業の用に供した日を含む事業年度において、特別償却との選択により税額控除（対象設備の取得価額の7％相当額）を認めるものである。

沖縄の特定地域において工業用機械等を取得した場合の法人税額の特別控除（措法42の9）	この制度は、沖縄振興特別措置法に規定する特定の地域内で一定の機械装置及び建物等の取得等をし、事業の用に供した場合に、その事業の用に供した日を含む事業年度において、税額控除（対象設備の取得価額の15％（建物等は8％）相当額）を認めるものである。
国家戦略特別区域において機械等を取得した場合の法人税額の特別控除（措法42の10）	この制度は、国家戦略特別区域法の一定の特定事業の実施主体として認定区域計画に定められた法人が、国家戦略特別区域内において、一定の機械装置、開発研究用器具備品等の取得等をして特定事業の用に供した場合に、その特定事業の用に供した日を含む事業年度において、特別償却との選択により税額控除（対象設備の取得価額の15％（建物等は8％）相当額）を認めるものである。
国際戦略総合特別区域において機械等を取得した場合の法人税額の特別控除（措法42の11）	この制度は、総合特別区域法に規定する指定法人に該当するものが、国際戦略総合特別区域内において、一定の機械装置等の取得等をして、取得後1年以内に特定国際戦略事業の用に供した場合に、その事業の用に供した日を含む事業年度において、特別償却との選択により税額控除（対象設備の取得価額の12％（建物等は6％）相当額）を認めるものである。
地方活力向上地域において特定建物等を取得した場合の法人税額の特別控除（措法42の11の2）	この制度は、指定期間内に地域再生法の地域活力向上地域特定業務施設整備計画について認定を受けたものが、整備計画に記載された特定建物等の取得等をして、その事業の用に供した場合には、その事業の用に供した日を含む事業年度において、特別償却との選択適用により税額控除（特定建物等の取得価額の2％又は4％相当額）を認めるものである。
特定の地域において雇用者の数が増加した場合の法人税額の特別控除（措法42の12）	この制度は、法人が適用年度において、当期末の雇用者の数が前期末の雇用者の数に比して5人以上（中小企業者等は2人以上）及び10％以上増加していることについて証明がされるなど一定の場合に、税額控除を認めるというものである。 また、地方活力向上地域特定業務施設整備計画について認定を受けた法人が、一定の要件を満たす場合には、認定の日の翌日から2年以内の日を含む事業年度においては拡充措置が適用される。
認定地方公共団体の寄附活用事業に関連する寄附をした場合の法人税額の特別控除（措法42の12の2）	この制度は、法人が、地域再生法に規定する認定地方公共団体に対してまち・ひと・しごと創生寄附活用事業に関連する寄附金を支出した場合には、その支出した日を含む事業年度において一定の金額の税額控除を認めるものである。
特定中小企業者当が経営改善設備を取得した場合の法人税額の特別控除（措法42の12の3）	この制度は、特定中小企業者等が、経営改善設備の取得等をして指定事業の用に供した場合には、特別償却との選択適用により、税額控除（経営改善設備の取得価額の7％相当額）を認めるものである。
雇用者給与等支給額が増加した場合の法人税額の特別控除（措法42の12の4）	この制度は、法人が、その事業年度において国内雇用者に対して給与等を支給する場合において、適用対象年度の給与支給額や平均支給額などに基づく一定の要件を満たす場合に、税額控除を認めるというものである。

Column　租特透明化法

　租税特別措置には様々なものがあるが、その多くが特定の者の税負担を軽減することなどにより産業政策等の特定の政策目的の実現に向けて経済活動を誘導する手段となっている。こうした租税特別措置は、「公平の原則の例外であり、これが正当化されるためには、その適用実態や効果が透明で分かりやすく見ることができ、納税者が納得できるものでなくてはならない。しかし、これまで、租税特別措置の適用実態は必ずしも明らかでなく、その正当性の検証も必ずしも十分でなかった。このため、租税特別措置の適用実態を明らかにし、その効果を検証できる仕組みを構築することが急務となっている」（政府税制調査会・租税特別措置及び非課税等特別措置の見直しのための論点整理に関するPT「報告」（平成21年11月17））という報告を受け、租税特別措置の適用実態を明らかにし、その効果を検証できる仕組みを構築するための法律として、「租税特別措置の適用状況の透明化等に関する法律（平成22年法律第8号）」〔租特透明化法〕が平成22年3月31日に公布された。

○「租特透明化法」の概要
（1）目的
　租税特別措置について、その適用状況を透明化するとともに適切な見直しを推進し、国民が納得できる公平で透明な税制の確立に寄与する。
（2）対象とする租税特別措置
　租税特別措置法に規定する措置のうち、特定の政策目的の実現のために設けられたもの。
（3）適用実態調査の実施等
　① 法人税関係特別措置（減収効果のあるもの）の適用を受ける法人は、適用額明細書を法人税申告書に添付しなければならない。
　② 財務大臣は、法人税関係特別措置について、適用額明細書の記載事項を集計し、措置ごとの適用法人数、適用額の総額等を調査する。
　③ 上記のほか、財務大臣は、租税特別措置の適用実態を調査する必要があるときは、税務署長に提出される調書等を利用できるほか、行政機関等に対し資料の提出及び説明を求めることができる。
（4）報告書の作成と国会への提出等
　① 財務大臣は、毎会計年度、租税特別措置の適用状況等を記載した報告書を作成し、内閣は、これを国会に提出する（翌年1月に開会される常会に提出することを常例とする。）。

② 行政機関の長等は、政策評価を行うため、財務大臣に対し、適用実態調査により得られた情報の提供を求めることができる。

第6章 外貨建取引の換算等

1 │ 外貨建取引の会計処理基準

　わが国の企業会計では財務諸表上円貨表示が前提となっている。このことは、わが国の法人税法においても同様である。したがって外貨建取引を行った場合や外貨建資産等を有する場合には、これを円貨表示の金額に換算する必要がある。このように外国通貨で表示された金額を円貨表示の金額に換算することを外貨建取引の換算や外貨建資産等の換算という。

　外貨建取引及び外貨建資産等の円貨表示への換算については、わが国は戦後長い期間固定相場制が採用されてきたため、それほど関心が示されることはなかった。しかし、昭和46年の変動相場制への移行に伴い、その換算をどのように行うかによって期間損益に大きな影響を及ぼすことが認識され、昭和50年度の税制改正で外貨建債権債務の換算に関する規定が法人税法施行令に設けられることとなった。その後企業会計審議会から当該処理方法等に関するガイドライン「外貨建取引等会計処理基準の改正に関する意見書」（平成11年10月22日）及び、日本公認会計士協会から「外貨建取引等の会計処理に関する実務指針」（平成12年3月31日）が示され、当該ガイドラインを踏まえて平成12年度税制改正が成され、現在に至っている。なお、当該ガイドラインでは、例えば外貨建有価証券について次の様に処理することとしている。

外貨建有価証券の換算基準

売買目的有価証券	決算時の為替相場
満期保有目的債権	決算時の為替相場
その他有価証券	決算時の為替相場
子会社及び関連会社株式	取得時の為替相場
強制評価減	外国通貨による時価 または決算時の為替相場

2 意義及び内容

　法人税法では、換算の対象となる外貨建取引の意義について「外国通貨で支払が行われる資産の販売及び購入、役務の提供、金銭の貸付け及び借入れ、剰余金の配当その他の取引」をいう（法法61の8①かっこ書）。したがって、債券債務の金額が外国通貨で表示されている場合であっても、その支払が本邦通貨により行われることとされているものは、ここでいう外貨建取引には該当しないこととなる（基通13の2-1-1）。また外貨建資産等については、「外国通貨で表示された外貨建債権債務、外貨建有価証券、外貨預金及び外国通貨」としている（法法61の9①）。そして先物外国為替契約とは、「外貨建取引に伴って受け取り、又は支払う外国通貨の金額の円換算額を確定させる先物外国為替取引に係る契約」（法令122）としている。

　内国法人が外貨建取引を行った場合、その外貨建取引の金額の円換算額は、その外貨建取引を行った時の外貨為替の売買相場により換算した金額とする（法法61の8①）。ただし、先物外国為替契約等により外貨建取引によって取得し、又は発生する外貨建資産等の円換算額を確定させた場合において、その先物外国為替契約等の締結の日にその旨を帳簿書類に記載したときは、その確定させた円換算額により換算した金額とする（法法61の8の②）としている。

3 | 外貨建資産等の期末換算差損益の取扱い（法法61の9）

　国内法人が期末時に外貨建資産等を有する場合、円換算が行われることになり、その期末時換算方法には、発生時換算法と期末時換算法とがある。「発生時換算法」とは、外貨建資産等の取得又は発生の起因となった当該取引の金額の円換算に用いた外国為替の売買相場により換算した金額（先物外国為替契約等により外貨建資産等の金額の円換算額を確定させた場合には、その先物外国為替契約等の為替相場により確定させた円換算額）をもって当該資産等の期末時における円換算額とする方法をいう。期末時換算法とは、外貨建資産等の期末時における外国為替の売買相場により換算した金額（先物外国為替契約等により外貨建資産等の金額の円換算額を確定させた場合には、その先物外国為替契約等の為替相場にとり確定させた円換算額）をもって当該資産等の期末時における円換算額とする方法をいう。この期末時換算法により当該資産等の金額を換算した金額と帳簿価額との差額に相当する金額（為替換算差額）は、益金の額又は損金の額に算入する（法法61の9②）。ただし、その事業年度の益金の額又は損金の額に算入した金額に相当する金額は、洗替方式により翌事業年度の所得の金額の計算上、損金の額又は益金の額に算入するとしている（法令122の8①）。

4 | 具体的な期末時換算方法（法法61の9）

　外貨建資産等の期末換算は、①外貨建債権（外国通貨で支払いを受けるべきとされる金銭債権をいう）及び外貨建債務（外国通貨で支払いを行うべきとされる金銭債務をいう）、②外貨建有価証券（償還、払戻しその他これらに準ずるものが外国通貨で行われる有価証券として財務省令で定めるもの）、③外貨預金、④外国通貨に区分され、次の様に処理される。

外貨建資産等の区分	換算方法
外貨建債権債務	発生時換算法又は期末時換算法
外貨建有価証券（3つに区分され、各々期末評価法が定められている）	
・売買目的有価証券	期末時換算法
・売買目的外有価証券	発生時換算法又は期末時換算法
・その他の有価証券	発生時換算法
外貨預金	発生時換算法又は期末時換算法
外国通貨	期末時換算法

5 │ 為替予約差額の配分

　内国法人が事業年度終了の時において有する外貨建資産等について、その取得又は発生の起因となった外貨建取引の金額の円換算額への換算に当たって先物外国為替契約等の締結の日の属する事業年度から当該外貨建資産等の決済による本邦通貨の受取又は支払をする日の属する事業年度までの各事業年度の所得の金額の計算上、為替予約差額（当該外貨建資産等の金額を先物外国為替契約等により確定させた円換算額と当該外貨建資産等の取得又は発生の起因となった外貨建取引を行った時における外国為替の売買相場により換算した金額との差額）のうち当該各事業年度に配分すべき金額として政令で定めるところにより計算した金額は、益金の額又は損金の額に算入する（法法61の10①）としている。

　なお、外貨建資産等が短期外貨建資産等（当該外貨建資産等のうち、その決済による本邦通貨の受取又は支払の期限が当該事業年度終了の日の翌日から一年を経過した日の前日までに到来するもの）である場合には、為替予約差額は、当該事業年度の所得の金額の計算上、益金の額又は損金の額に算入することができる（法法61の10③）としている。

▶練習問題

1. 外貨建取引の換算制度について説明しなさい。
2. 外貨建取引の期末時換算方法の取扱いとその内容について説明しなさい。

第7章　組織再編成税制・グループ法人税制・連結納税制度

1　組織再編成税制

(1) 制度の趣旨・基本的考え方

　近年、わが国企業の経営環境が急速に変化する中で、企業の競争力を確保し、企業活力が十分発揮できるよう、柔軟な企業組織再編成を可能とするための法制等の整備が進められているが、法人税制においては、企業組織再編成により資産の移転を行った場合にその取引の実態に合った課税を行うなど、適切な対応を行うことが求められている。

　現行の組織再編成税制は、次のような基本的な考え方に基づいて、税制上の措置を講じている（政府税制調査会「会社分割・合併等の企業組織再編成に係る税制の基本的考え方」（平成12年10月3日）参照）。

(備考) 平成29年度改正においては、特定事業を切り出して独立会社とするスピンオフやスクイーズアウトによる完全子会社化に係る税制措置の創設に伴う組織再編成税制の見直しが行われることとされているが、関係法令が執筆時点で未公布であることから、以下の記述においては、平成29年度改正は反映されていない。

①　移転資産の譲渡損益（資産等を移転した法人の課税）

　会社分割・合併等の組織再編成により移転する資産の譲渡損益の取扱いについて、法人がその有する資産を他に移転する場合には、移転資産の時価取引として譲渡損益を計上するのが原則であり、組織再編成により資産を移転する場合も例外ではない。ただし、組織再編成により資産を移転する前後で

経済実態に実質的な変更が無いと考えられる場合には、課税関係を継続させるのが適当と考えられる。したがって、組織再編成において、移転資産に対する支配が再編成後も継続していると認められるものについては、移転資産の譲渡損益の計上を繰り延べることとしてる。

② 株主における株式譲渡損益等

分割型分割の分割法人や被合併法人の株主の旧株（分割法人や被合併法人の株式）の譲渡損益についても、原則として、その計上を行うこととなるが、株主の投資が継続していると認められるものについては、支配に実質的な変更がないと考えられることから、その譲渡損益を繰り延べることとしている。

また、分割型分割における分割法人や合併における被合併法人の株主については、その取得した新株等の交付が分割法人や被合併法人の利益を原資として行われたと認められる場合には、配当が支払われたものとみなして課税するのが原則であるが、移転資産の譲渡損益の計上を繰り延べる場合には、従前の課税関係を継続させるという観点から、利益積立金額は新設・吸収法人や合併法人に引き継ぐのが適当であり、配当とみなされる部分は無いものとしている。

> **Column　移転資産に対する支配の継続（対価要件）**
>
> 　組織再編成の実態や移転資産に対する支配の継続という点に着目し、後述のとおり「企業グループ内の組織再編成」や「共同で事業を行うための組織再編成」を適格組織再編成として、一定の要件（参考2「適格要件」参照）の下で、譲渡損益の計上を繰り延べることとしているが、いずれの場合も、（金銭不交付要件が課されて、）移転資産の対価として金銭等の株式以外の資産が交付される場合には、その経済実態は通常の売買取引と異なることがないことから、移転資産の譲渡損益の計上を繰り延べることは適当でないとしている（<u>税制非適確として移転資産の譲渡損益の形状</u>）。
>
> 　平成29年度改正においては、全部取得条項付種類株式等によるスクイーズアウトを「組織再編成税制」の対象に追加し、2/3以上保有する場合に少数株主への金銭対価の交付を可能とする適格要件の見直しが行われることとされ、また、スクイーズアウトの手法として活用される合併、株式交換に係る対価要件についても、スクイーズアウトの適格要件と整合するような見直しが行われ

ることとされている。従来の「金銭交付」を「非適確」とする考え方が、一定の要件の下、見直され、「適確組織再編成」の範囲が拡充されることとなる。
(備考)「スクイーズアウト」とはTOB（株式交換買付け）により対象会社株式の以上を取得した後、少数株主から強制的に株式を取得し、対象会社を100％子会社するもの

(参考1) 適格合併

【法人における課税】

企業組織再編成により移転する会社の資産の譲渡損益に対する課税の取扱い

- 一般の組織再編成（例：買収など）
- 適格組織再編成
  - 企業グループ内の組織再編成
  - 共同事業を行うための組織再編制

（原則）移転の際に譲渡損益発生（＝課税）
A社 移転のときの時価／帳簿価額 → B社 帳簿価額
移転資産の価額

（特例）移転の際は譲渡損益の課税繰延べ
A社 移転のときの時価／帳簿価額 →（分割など）B社 帳簿価額
※B社はA社の帳簿価額のまま資産を引継ぎ（将来B社が他に売却すればその時に譲渡損益が発生）
移転資産の価額

【株主における課税】

分割される会社などの株主がその株式（旧株）を引き渡す際に発生する譲渡損益に対する課税の取扱い

- 旧株と引換えに金銭の交付も受けた場合 →（原則）旧株の譲渡損益発生（＝課税）
- 旧株と引換えに株式のみの交付を受けた場合（株主の投資が継続）→（特例）旧株の譲渡損益の課税繰延べ

(出典) 財務省資料（平成13年度税制改正　Message）参照。

（2）適格組織再編成による資産等の移転

組織再編成の実態や移転資産に対する支配の継続という点に着目し、「企業グループ内の組織再編成」及び「共同で事業を営むための組織再編成」を、適格組織再編成として、その移転資産や移転負債を帳簿価額による引継ぎ、または譲渡を行ったものとして課税所得の計算を行うこととにより、譲渡損益を生じないとする特例措置を講じている。

① 適格合併・適格分割型分割（帳簿価額による引継ぎ）

内国法人が、適格合併（法法２十二の八イ～ハ、法令４の３①～④）により合併法人（合併により被合併法人から資産および負債の移転を受けた法人をいう。）にその有する資産および負債を移転したときは、その合併法人にその移転をした資産および負債のその適格合併に係る最後事業年度終了の時の帳簿価額による引継ぎをしたものとして、その内国法人の各事業年度の所得の金額を計算する（法法62の２①）。

適格分割型分割（法法２十二の二・三・九・十一・十二、法令４の３⑤～⑧）により分割承継法人（分割により分割法人から資産および負債負債の移転を受けた法人をいう。）にその有する資産および負債を移転したときは、適格分割型分割の直前の帳簿価額により引継ぎをしたものとしてその内国法人の各事業年度の所得の金額を計算する（法法62の２②）。

(参考2) 適格合併

次のいずれかに該当する合併で被合併法人（合併によりその有する資産及び負債の移転を行った法人をいう。）の株主等に合併法人株式又は合併法人親法人株式のいずれか一方の株式又は出資以外の資産が交付されないものをいう（法法２十二の八イ～ハ、法令４の３①～④）。

① 完全支配関係

次のいずれかの関係に該当する場合の合併

　イ 被合併法人と合併法人との間にいずれか一方の法人による完全支配関係がある場合

　ロ 同一の者による完全支配関係があり、かつ、合併後にその同一の者による完全支配関係が継続することが見込まれている場合

② 支配関係

次のいずれかの関係に該当し、従業者引継ぎ要件(被合併法人の合併直前の従業者のおおむね80％以上の者が合併後に合併法人の業務に従事することが見込まれていること)及び事業継続要件(被合併法人の合併前に営む主要な事業が合併後に合併法人において引き続き営まれることが見込まれていること)に該当する場合の合併
  イ 被合併法人と合併法人との間にいずれか一方の法人よる支配関係がある場合
  ロ 同一の者による支配関係があり、かつ、合併後その同一の者による支配関係が継続することが見込まれている場合
③ 共同事業
 次のイからヘまでの(ロとハについては、いずれかの要件を満たすことで可。また、被合併法人のすべてについてその株主等の数が50人以上である場合には、ヘの要件を除く。)すべての要件を満たしている場合の合併
  イ 事業関連要件
   被合併事業(被合併法人の合併前に営む主要な事業のうちいずれかの事情をいう。)と合併事業(合併法人の合併前に営む事業のうちいずれかの事業をいう。)とが相互に関連するものであること
  ロ 事業規模要件
   被合併事業と合併事業(被合併事業と関連する事業に限る。)のそれぞれの売上高、従業者の数、被合併法人と合併法人のそれぞれの資本金の額などの規模の割合がおおむね5倍を超えないこと
  ハ 特定役員引継ぎ要件
   合併前の被合併法人の特定役員(常務クラス以上の役員等)のいずれかと合併法人の特定役員のいずれかとが合併法人の特定役員となることが見込まれていること
  ニ 従業者引継ぎ要件
   被合併法人の合併直前の従業者のおおむね80％以上の者が合併後に合併法人の業務に従事することが見込まれていること
  ホ 事業継続要件
   被合併法人の被合併事業(合併事業と関連する事業に限る。)が合併後に合併法人において引き続き営まれることが見込まれていること
  ヘ 株式継続保有要件
   合併直前の特定被合併法人(その株主等の数が50人以上であるものを除く。)の株主等で合併によって交付を受ける合併法人の株式又は合

併親法人の株式のいずれか一方の株式の全部を継続して保有することが見込まれる者並びに合併法人及び他の被合併法人が有する特定被合併法人の株式等の数を合計した数が特定被合併法人の発行済株式等の80％以上であること

（備考）分割、現物出資等、他の再編についても合併と同様の適格要件が設けられている。

（参考3） 支配関係・完全支配関係

○支配関係（法法2十二の七の五）・完全支配関係（法法2十二の七の六）

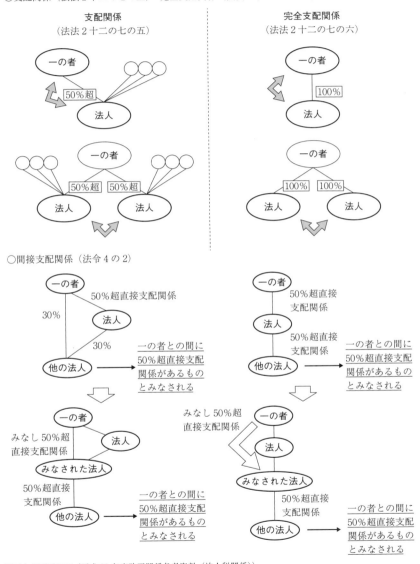

○間接支配関係（法令4の2）

（出典）財務省HP（平成22年度改正関係参考資料（法人税関係））

(参考4) 会社分割の形態（概要）

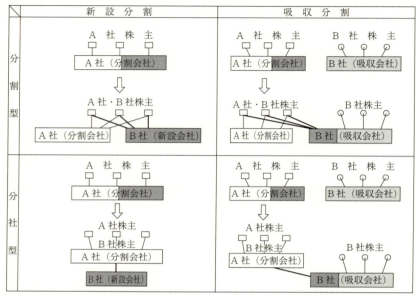

(出典) 政府税制調査会資料（平12.10.27・総3—4、13頁）。

② 適格分社型分割（帳簿価額による譲渡）

内国法人が適格分社型分割（法法2十二の二・三・十・十一・十三、法令4の3⑤～⑧）により分割承継法人にその有する資産および負債を移転したときは、その分割承継法人に移転をした資産および負債のその適格分社型分割の直前の帳簿価額による譲渡をしたものとして、その内国法人の各事業年度の所得の金額を計算する（法法62の3①）。

③ 適格現物出資（帳簿価額による譲渡）

内国法人が適格現物出資（法法2十二の四・五・十四、法令4の3⑨～⑭）により被現物出資法人（現物出資により現物出資法人から資産の移転、またはこれと併せて負債の移転を受けた法人をいう。）にその有する資産の移転をし、またはこれと併せてその有する負債の移転をしたときは、当該被現物出資法人にその移転をした資産および負債のその適格現物出資の直前の帳簿価額によ

る譲渡をしたものとして、その内国法人の所得の金額を計算する（法法62の4①）。

④ 適格現物分配（帳簿価額による譲渡）

内国法人が適格現物分配（法法2十二の十五）により被現物分配法人（現物分配により現物分配法人から資産の移転を受けた法人をいう。）にその有する資産の移転をしたときは、その被現物分配法人に移転をした資産のその適格現物分配の直前の帳簿価額（適格現物分配が残余財産の全部の分配である場合には、その残余財産の確定の時の帳簿価額）による譲渡をしたものとして、その内国法人の各事業年度の所得の金額を計算する（法法62の5③）。

また、被現物分配法人の適格現物分配により移転を受けた資産の取得価額は、現物分配法人における適格現物分配の直前の帳簿価額（適格現物分配が残余財産の全部の分配である場合には、その残余財産の確定の時の帳簿価額）に相当する金額とされている（法令123の6①）。

　　（注）適格現物分配に係る剰余金の配当等の額は、受取配当等の益金不算入制度の対象から除かれているが、内国法人が適格現物分配により資産の移転を受けたことにより生ずる収益の額は、その被現物分配法人の各事業年度の所得の金額の計算上、益金の額に算入しないこととされている（法法62の5④）。

⑤ 適格株式交換・適格株式移転（株主の旧株の譲渡損益：帳簿価額による譲渡）

完全子法人の株主に株式交換や株式移転による対価として完全親法人株式（株式交換にあっては完全親法人との間に完全支配関係があるその親法人の株式を含む。）以外の資産の交付を受けた場合には、完全子法人株式について時価による譲渡があったものとして譲渡損益を計上することを要するが（法法61の2①）、株式以外の資産の交付を受けなかった場合には、その株式交換や株式移転が非適格株式交換や非適格株式移転であるとしても、完全子法人株式についてその帳簿価額による譲渡を行ったものとして譲渡損益の計上は繰り延べるられる（法法61の2①⑧⑩）。

（備考）非適格株式交換等に係る株式交換完全子法人等の有する資産の時価

評価

　法人が自己を株式交換完全子法人又は株式移転完全子法人とする適格株式交換に該当しない株式交換又は適格株式移転に該当しない株式移転〔非適格株式交換等〕を行った場合に、その非適格株式交換等の直前の時において有する時価評価資産（注）の評価益又は評価損は、その非適格株式交換等の日の属する事業年度の所得の金額の計算上、益金の額又は損金の額に算入する（法法62の9①）。

(注) 時価評価資産

　固定資産、土地等、有価証券、金銭債権及び繰延資産をいい、次に掲げるものは除かれます（法法62の9①、法令123の11①）。

- 前5年内事業年度等（非適格株式交換等の日の属する事業年度開始の日前5年以内に開始した各事業年度又は各連結事業年度をいう。）において一定の圧縮記帳の規定の適用を受けた減価償却資産
- 売買目的有価証券
- 償還有価証券
- 資産の価額とその帳簿価額との差額（含み損益）が資本金等の額の2分の1に相当する金額又は1,000万円のいずれか少ない金額未満のもの
- 完全支配関係がある内国法人が清算中である場合、解散が見込まれる場合又はグループ内で適格合併により解散することが見込まれる場合のその内国法人の発行した株式で評価損のあるもの

　なお、完全子法人と完全親法人（株式移転にあっては他の完全子法人）との間に完全支配関係がある場合には、それが非適格株式交換や非適格株式移転であっても、グループ法人税制により完全子法人の有する資産の時価評価損益は計上しない（法法62の9①）。

(参考5) 株式交換・株式移転

1　株式交換

　株式会社がその発行済株式の全部を他の株式会社又は合同会社に取得させることをいう（会社法2三十一）。

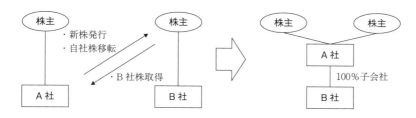

2 株式移転

一又は二以上の株式会社がその発行済株式の全部を新たに設立する株式会社に取得させることをいう（会社法2三十二）。

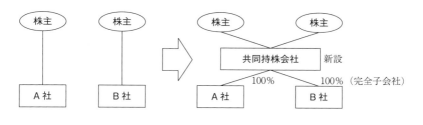

(3) 株主における課税の取扱い

① 旧株主の譲渡損益の取扱い

適格合併等（適格合併、適格分割型分割）の場合には、旧株式（被合併法人又は分割法人の株式）につき帳簿価額による譲渡による譲渡があったものとして譲渡損益は計上しない（法法61の2②③）。

非適格合併（非適格合併、非適格分割型分割）の場合であっても株主に株式以外の資産の交付がないときは、みなし配当（法法24）を認識する必要があるが、旧株式の譲渡損益については、帳簿価額による譲渡があったものとして計上しない（法法61の2②③）。

（注）旧株式を発行した他の内国法人と完全支配関係があるときは、株式以外の資産の交付があったとしても、旧株式につき帳簿価額による譲渡があったものとして譲渡損益は計上しない（法法61の2⑯）。

② みなし配当

適格合併等（適格合併、適格分割型分割）の場合には、みなし配当を認識し

ない。

非適格合併等（非適格合併、非適格分割型分割）により非合併法人等の株主等が合併等の対価を受け取った場合には、みなし配当を認識する（法法24①一・二）。なお、受取配当等の益金不算入制度（法法23）の適用を受けることができる。

(4) 租税回避への対応

近年の企業組織法制の大幅な緩和に伴って組織再編成の形態や方法は相当に多様となっており、組織再編成を利用する複雑、かつ、巧妙な租税回避行為が増加するおそれがあり、こうした租税回避行為に対して、適正な課税を行うことができるように包括的な組織再編成に係る租税回避防止規定を設けている（法法132の2）。

(参考6) 組織再編成を利用した租税回避行為の例

- 繰越欠損金や含み損のある会社を買収し、その繰越欠損金や含み損を利用するために組織再編成を行う。
- 複数の組織再編成を段階的に組み合わせることなどにより、課税を受けることなく、実質的な法人の資産譲渡や株主の株式譲渡を行う。
- 相手先法人の税額控除枠や各種実績率を利用する目的で、組織再編成を行う。
- 株式の譲渡損を計上したり、株式の評価を下げるために、分割等を行う。

(備考) 国税庁『平成13年　改正税法のすべて』244頁参照。

2 グループ法人税制

(1) 制度の趣旨

グループ法人の一体的運営が進展している状況を踏まえ、実態に即した課税を実現する観点から、グループ法人一般に対する課税の取扱いとして、100％グループ内の法人間の取引（寄附・資本取引を含む。）について課税を繰り延べるとともに、大法人の100％子法人については中小企業特例を適用

しないといったグループの要素を反映した制度〔グループ法人税制〕が措置されている（平成22年度改正において創設）。

(2) 制度の概要
① 100％グループ内の法人間の資産の譲渡取引等
　内国法人（普通法人又は協同組合等に限る。）が譲渡損益調整資産を当該内国法人との間に完全支配関係がある他の内国法人（普通法人又は協同組合等に限る。）に譲渡した場合に、その譲渡損益調整資産に係る譲渡利益額又は譲渡損失額に相当する金額について、その譲渡した事業年度の所得の金額の計算上、それぞれ損金の額又は益金の額に算入することにより、その譲渡損益を繰り延べる（法法61の13①）。
　　（注）上記の「譲渡損益調整資産」とは、固定資産、土地（土地の上に存する権利を含み、固定資産に該当するものを除く。）、有価証券、金銭債権及び繰延資産で次に掲げるもの以外のものをいう（法法61の13①、法令122の14①）。
　　　　イ　売買目的有価証券
　　　　ロ　譲受法人において売買目的
　　　　　　有価証券とされる有価証券
　　　　ハ　その譲渡の直前の帳簿価額が1,000万円に満たない資産

　この繰り延べた譲渡損益は、当該譲渡損益調整資産を譲り受けた当該他の内国法人において当該譲渡損益調整資産の譲渡、償却等の一定の事由が生じた場合には、当該譲渡損益調整資産を譲渡した法人においてその計上を行うこととなる（法法61の13②）。
② 100％グループ内の法人間の寄附
　イ　完全支配関係がある法人の間の寄附金の損金不算入
　内国法人が各事業年度において当該内国法人との間に法人による完全支配関係がある他の内国法人に対して支出した寄附金の額は、当該内国法人の各事業年度の所得の金額の計算上、損金の額に算入しない（法法37②）。

(参考1) 税制措置のイメージ①

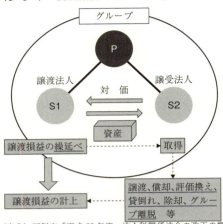

（出典）国税庁「平成22年度　法人税関係法令の改正の概要」（平成22年6月）3頁より。

ロ　完全支配関係がある法人の間の受贈益の益金不算入

内国法人が各事業年度において当該内国法人との間に法人による完全支配関係がある他の内国法人から受けた受贈益の額は、当該内国法人の各事業年度の所得の金額の計算上、益金の額に算入しない（法法25の2①）。

この受贈益の額は、寄附金、拠出金、見舞金その他いずれの名義をもってされるかを問わず、内国法人が金銭その他の資産又は経済的な利益の贈与又は無償の供与（広告宣伝及び見本品の費用その他これらに類する費用並びに交際費、接待費及び福利厚生費とされるべきものを除く。）を受けた場合における当該金銭の額若しくは金銭以外の資産のその贈与の時における価額又は当該経済的な利益のその供与の時における価額による（法法25の2②）。

ハ　親法人による子法人の株式の寄附修正

法人が有する当該法人との間に完全支配関係がある法人〔子法人〕の株式等について次に掲げる事由（寄附修正事由）が生ずる場合には、以下の算式により計算した 金額を利益積立金額及びその寄附修正事由が生じた時の直前の子法人の株式等の帳簿価額に加算する（法令9①七、119の3⑥）。

《寄附修正事由》

a　子法人が他の内国法人から上記ロ適用がある受贈益の額を受けたこと
b　子法人が他の内国法人に対して上記イの適用がある寄附金の額を支出したこと

（参考 2）税制措置のイメージ②

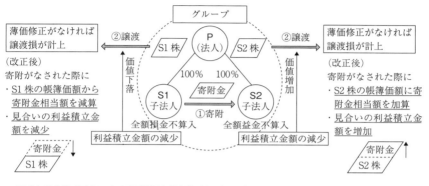

（出典）財務省「平成 22 年度改正関係参考資料（法人税関係）」8 頁。

（参考 3）土地を簿価により譲渡した場合の課税関係

Q　内国法人 G 1 は、完全支配関係を有する他の内国法人 G 2 に対して時価 100 百万円の土地を G 1 の帳簿価額 80 百万円で譲渡することとしました。
　　譲渡法人 G 1 及び譲受法人 G 2 は、それぞれどのような申告調整を行う必要がありますか。

答
(1)　G 1 及び G 2 の所得の金額に影響があるなしにかかわらず、税務上は時価により譲渡があったものとなりますので、G 1 の譲渡対価の額は 100 百万円、G 2 の所得価額は 100 百万円として、それぞれ申告調整を行うこととなります。
(2)　譲渡法人 G 1 は、時価（100 百万円）と帳簿価額（80 百万円）との差額（20 百万円）について、①譲渡利益額（20 百万円）の計上と②その繰延べ処理及び③寄附金認容（20 百万円）と④その損金不算入処理を行います。
　　また、譲受法人 G 2 は、⑤受贈益（20 百万円）の計上（取得価額の加算）

と⑥その益金不算入処理を行います。

解説（具体的な申告調整例）

お尋ねの場合には、低廉譲渡に当たりますので、具体的な申告調整等は次のとおりとなります。

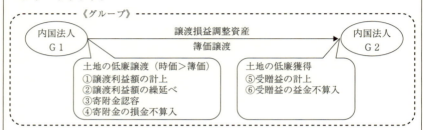

《税務仕訳等》　　　　　　　　　　　　　　　　　　　　　　（単位：百万円）

内　容	譲渡法人（G1）の処理	譲渡法人（G2）の処理
譲渡時	《会計処理》 現金　　80／土地　　80	《会計処理》 土地　　80／現金　　80
① 譲渡利益額の計上 （法22②）	《税務仕訳》 現金　　80／土地　　80 未収入金　20／譲渡益　20 《申告調整》 譲渡益計上もれ　20（加算・留保）	
② 譲渡利益額の繰延べ （法61の13①）	《税務仕訳》 譲渡損益調整勘定繰入額（損金）20 　　　／譲渡損益調整勘定　20 《申告調整》 譲渡損益調整勘定繰入額　20 　　　　　　　　　（減算・留保）	
③ 寄附金認容 （法22③）	《税務仕訳》 寄附金　　20／未収入金　20 《申告調整》 寄付金認容　20（減算・留保）	
④ 寄附金の損金不算入 （法37②）	《税務仕訳》 寄付金損金不算入　20 　　　／その他流出　20 《申告調整》 寄付金損金不算入　20 　　　　　　　　　（加算・流出）	

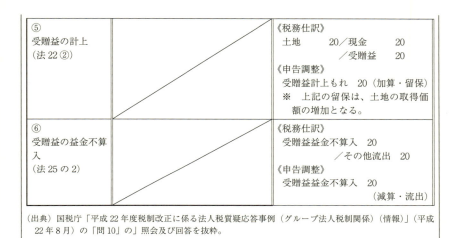

(出典) 国税庁「平成22年度税制改正に係る法人税質疑応答事例(グループ法人税制関係)(情報)」(平成22年8月)の「問10」の」照会及び回答を抜粋。

③ 100%グループ内の法人からの受取配当等の益金不算入

完全子法人株式等につき受ける配当等の額については、負債の利子の控除せずに、その全額を益金不算入とする(法法23①④―⑤)。

(注)「完全子法人株式等」とは、配当等の額の計算期間中継続して内国法人との間に完全支配関係があった他の内国法人(公益法人等及び人格のない社団等を除く。)の株式又は出資をいい、この場合の「配当等の額の計算期間」とは、次に掲げる日から今回の配当等の額の支払に係る基準日までの期間をいう(法法23⑤、法令22の2①②)。

 イ 原則:前回の配当等の額の支払に係る基準日の翌日
 ロ 前回の配当等の額の支払に係る基準日の翌日が今回の配当等の額の支払に係る基準日の1年前の日以前の日である場合又は今回の配当等の額がその1年前の日以前に設立された法人からの初回配当である場合:当該1年前の日の翌日
 ハ 今回の配当等の額がその支払に係る基準日前1年以内に設立された法人からの初回配当である場合:設立日
 ニ 今回の配当等の額がその元本である株式を発行した法人からその支払に係る基準日前1年以内に取得した新規発行株式につ

いて支払われる初回配当である場合：当該取得の日

④ **中小法人に対する特例措置の制限**

　法人のうち各事業年度終了の時において大法人（注1）との間に当該法人による完全支配関係がある普通法人については、資本金が1億円以下であっても、次の中小企業向け特例措置（注2）は適用されない。

（注1）「大法人」の範囲は、次のとおりである。
　　　イ　資本金の額又は出資金の額が5億円以上である法人
　　　ロ　保険業法に規定する相互会社（外国相互会社を含む。）
　　　ハ　受託法人（法法4の7）

（注2）中小企業向け特例措置とは、以下の措置である。
　　　イ　軽減税率
　　　ロ　特定同族会社の特別税率の不適用
　　　ハ　貸倒引当金の法定繰入率の適用
　　　ニ　交際費等の損金不算入制度における定額控除制度
　　　ホ　欠損金の繰戻しによる還付制度

3 ｜ 連結納税制度

（1）制度の趣旨

　連結納税制度は、企業の事業部門が100％子会社として分社化された企業グループやいわゆる純粋持株会社に所有される企業グループのように、一体性をもって経営され実質的に一つの法人とみることができる実態を持つ企業グループについては、企業グループ内の個々の法人の所得と欠損を通算して所得を計算するなど、企業グループをあたかも一つの法人であるかのように捉えて法人税を課税する仕組みである（政府税制調査会「連結納税制度の基本的考え方」（平成13年10月9日）参照）。

　連結財務諸表制度も連結納税制度も、個々の会社という法的主体を超えて、資本等の関連性を有する企業グループを、その一体性に着目して一つの単位として認識することが合理的であり実態に即しているとする点では共通しているが、連結財務諸表制度は、企業グループの財政状態や経営成績を投

資家や債権者に開示することを目的とするのに対し、連結納税制度は企業グループの税負担能力を測定し、適正、公平な課税を実現することを目的としていることから、連結納税制度の対象範囲、適用要件、連結所得の計算などその仕組みは、連結財務諸表制度とは異なる別個の制度として構築する必要がある。

(参考1) 連結納税制度と連結財務諸表制度（イメージ）

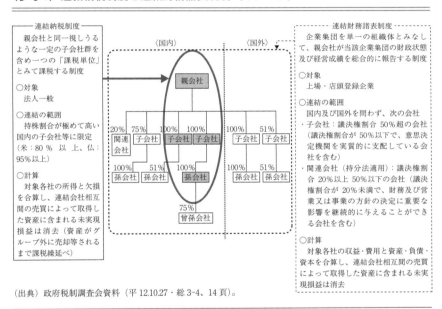

(出典) 政府税制調査会資料（平12.10.27・総3-4、14頁）。

（2）適用法人・適用方法等

① 連結納税義務者

連結納税制度の適用法人は、内国法人（普通法人又は協同組合等に限るものとし、清算中の法人を除く。）と当該内国法人との間に完全支配関係（連結除外法人及び外国法人が介在しないものに限る。）がある他の内国法人（連結除外法人を除く。）のすべてが当該内国法人を納税義務者として法人税を納める

(法法4の2、法令14の6①～③)。

② **適用方法**

連結納税制度を適用するときは、その適用しようとする事業年度開始の日の前日から3月前の日までに連結親法人及びそのすべての連結子法人の連名で承認申請書を国税庁長官に提出し、その承認を受ける。その承認申請書の提出後、連結納税制度を適用しようとする事業年度開始の日の前日までに承認又は却下の処分がなかった場合には、その前日に承認があったものとみなされる(法法4の3①④)。

なお、連結納税制度の適用の取止めは、やむを得ない事由がある場合に限るものとし、事前に国税庁長官の承認を受ける(法法4の5③)。

③ **連結の開始加入に伴う資産の時価評価**

連結納税の承認を受ける子法人が、連結開始直前事業年度終了の時に有する時価評価資産の評価益又は評価損は、原則として、その連結開始直前事業年度の所得の金額の計算上、益金又は損金の額に算入する(法法61の11)。

連結親法人により完全支配関係を受けることとなった法人が、連結加入直前事業年度終了の時に有する時価評価資産の評価益又は評価損は、原則として、その連結開始直前事業年度の所得の金額の計算上、益金又は損金の額に算入する(法法61の12)。

④ **納税主体**

連結親法人は、連結所得に対する法人税の申告及び納付を行うものとし、連結納税制度の適用を受けた連結子法人は、連結所得に対する法人税について連帯納付責任を負う(法法81の19～81の28)。

なお、連結納税制度の適用を受けた連結子法人は、連結所得の個別帰属額等を記載した書類を税務署に提出する(法81の25)。

⑤ **事業年度**

連結事業年度は、親会社の事業年度に統一する必要がある(法法15の2)。

(参考2) 連結法人数の状況

項目＼区分			平成27年6月30日現在		平成28年6月30日現在	
			件数	前年対比	件数	前年対比
連結法人数		1	法人 13,301	％ 106.9	法人 13,675	％ 102.8
	親法人数	2	法人 1,631	％ 105.8	法人 1,698	％ 104.1
	子法人数	3	法人 11,670	％ 107.1	法人 11,977	％ 102.6

(出典) 国税庁「平成27事務年度 法人税等の申告（課税）事績の概要」（平成28年9月）。

(3) 連結所得金額及び連結税額の計算

　連結所得金額は、連結グループ内の各法人の所得金額を基礎とし、これに所要の調整を加えた上で、連結グループを一体として計算する（法法81、81の2、81の3）。

　連結税額は、連結所得金額に税率を乗じた金額から各種の税額控除を行って計算する（法法81の12）。

　連結税額については、連結グループ内の各法人の個別所得金額又は個別欠損金額を基礎として計算される金額を基に配分する（法法81の18）。

(参考3) 連結所得金額・連結税額の計算に係る諸制度の取扱い（主なもの）

区　分	内　容
受取配当（法法81の3、81の4）	・連結グループ内の連結子法人からの受取配当については、負債利子控除をせずに、その全額を益金不算入とする。
減価償却	・減価償却費については、連結グループ内の各法人の個別計算による。
寄附金（法法81の3、81の6）	・寄附金の損金不算入額は、連結グループを一体として計算する。 ・寄附金の損金算入限度額の計算の基礎となる所得金額及び資本金等の額は、連結所得金額及び親法人の資本金等の額とする。 ・連結グループ内の法人間の寄附金については、その全額を損金不算入とする。
貸倒引当金（法法52）	・連結グループ内の各法人の個別計算による。 ・連結グループ内の法人間の金銭債権は、貸倒引当金の繰入限度額の計算の対象となる金銭債権から除くとともに、一括評価金銭債権に係る貸倒実績率の計算からも除く。
その他引当金・準備金	・基本的には連結グループ内の各法人の個別計算による。
交際費（措法68の66）	・交際費の損金不算入額は、連結親法人の資本金額を基に、連結グループを一体として計算する。
所得税額控除（法法81の7、81の14）	・所得税額控除は、連結グループを一体として適用する。
外国税額控除（法法81の8、81の15）	・外国税額の控除限度額は連結グループ一体として計算する。 ・外国税額控除額は、各法人毎に控除限度超過額又は控除余裕額の調整を行った後の金額の合計額とする。
特定同族会社の留保金課税（法法81の13）	・特定同族会社の留保金課税については、親会社が特定同族会社である場合に、連結グループを一体として適用する。

（4）租税回避

　連結納税制度に関しては、多様な租税回避行為が想定されることから、包括的な租税回避行為を防止するための行為計算否認規定が設けられている（法法132の3）。

▶練習問題

　組織再編成税制・グループ法人税制・連結納税制度について、これらの制度の趣旨や基本的な考え方について、確認すること。

第8章　国際課税

1 │ 移転価格税制

　国際課税には、外国税額控除（第五章参照）、移転価格税制、過少資本税制、タックス・ヘイブン税制、外国法人課税等がある。これらの制度の趣旨は国際的二重課税の排除、国際的租税回避防止、自国の課税権の確保により適正な国際課税関係を確立しようとすることにある。本章では、主に移転価格税制、過少資本税制、タックス・ヘイブン税制について学習する。

　親子会社間あるいは兄弟会社間等取引で、最近の国際的経済活動の活発化に伴い、通常設定される対価と異なる対価での取引が行われる傾向がある。この場合、取引の当事者間で所得が移動することになり、企業の所得が適正な所得とは異なることにもなり、また所得の国際的移動が生じ、国家税収の増減により税収が損なわれることになる。この問題を移転価格（トランスファー・プライス（transfer price））の問題として諸外国でも整備されていることもあり、わが国では、昭和61年度税制改正で租税特別措置法に「国外関連者との取引に係る課税の特例」（措法66の4）として国際取引に限り、しかも法人間の取引に限って移転価格税制を導入し、国際課税の実現を図ることにしている。

（1）内容

　法人が、当該法人に係る国外関連者（外国法人で、当該法人との間に50％以上の直接又は間接の特殊関係など特殊の関係にあるもの）との間で資産の販売、資産の購入、役務の提供その他の取引を行った場合に、当該取引につき、当

該法人が当該国外関連者から支払を受ける対価の額が独立企業間価格（ALP; Arm's Length Price 後述）に満たないとき、又は当該法人が当該国外関連者に支払う対価の額が独立企業間価格を超えるときは、その取引は法人税法の適用上独立企業間価格で行なわれたものとみなし（措法66の4①）、この場合、実際の取引価格と独立企業間価格の差額は損金の額に算入されない（措法66の4④）としている。その関係を示すと以下の様になる。

国外関係者に支払う対価の額 ≤ 独立企業間価格

（2）独立企業間価格

独立企業間価格とは、取引が独立企業の間で成立するであろう対価の額を意味し（措法66の4①）、国外関連取引の内容及びその当事者が果たす機能その他の事情を考慮し、独立事業者間で通常の取引に従って行われるとした場合支払われるべき対価の額とし、棚卸資産の販売又は購入とそれ以外の取引とに区分し、棚卸資産の販売又は購入の場合については、次の4つの方法のいずれかによって算定した金額とされている（措置66の4②）。

区分	算定方法
棚卸資産の販売又は購入	① 独立価格比準法 ② 再販売価格基準法 ③ 原価基準法 ④ ①～③に準ずる方法等
上記以外の取引	⑤ ①～③までに掲げる方法と同等の方法 ⑥ ④に掲げる方法と同等の方法

また当該算定方法の内容については以下の通りである。

① 独立価格比準法（Comparable Uncontrolled Price Method）

この方法は、特殊な関係にない売手と買手が、国外関連取引に係る棚卸資産と同種の棚卸資産を国外関連取引と取引段階、取引数量その他が同様の状況の下で売買した取引の対価の額に相当する金額をもって独立企業間価格とする方法（同号イ）をいう。つまり、独立企業間で行われ、国外関連取引と同種の取引を同様の状況下で行った取引を比較対象取引として、取引の対価の額を比較する方法である。

例えば、以下の取引が存在する場合、非関連者間取引価格であるB1、B2若しくはCの取引価格120を独立企業間価格とする。

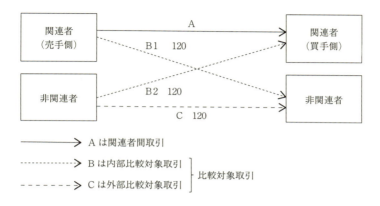

② 再販売価格基準法（Resale Price Method）
　この方法は、国外関連取引に係る棚卸資産の買手が特殊の関係にない者に対してその棚卸資産を販売した対価の額（再販売価格）から通常の利潤の額を控除して計算した金額をもって独立企業間価格とする方法（同号ロ）。ここで得られる通常の利潤とは、国外関連取引と同種または類似の取引を比較対象取引として選定し、買い手側が非関連者へ販売する際の売上総利益率としている（措令39の12.⑥）。

③ 原価基準法（Cost Plus Method）
　この方法は、国外関連取引に係る棚卸資産の売手の購入、製造その他の行為による取得の原価の額に通常の利潤の額を加算して計算した金額をもって独立企業間価格とする方法（同号ハ）をいう。この通常の利潤の額とは、国外関連取引と同種または類似の取引を比較対象取引として選定し、売手側が当該取引によって得られる総利益の原価に対するマークアップ率とするとしている（措令39の12.⑥）。

④ ①～③に準ずる方法
　①～③に準ずる方法その他政令で定める方法（同号ニ）で、利益分割法、比較利益分割法、残余利益分割法、取引単位営業利益法（措令39の12⑧）がある。

上記①、②、③の方法は基本3法と呼ばれ、いずれを選んでも良いとされてきたが、平成23年度の税制改正で、独立企業間価格の算定方法の適用上の優先順位を廃止し、最も適切な方法を選択する仕組みへと移行した（措令66の4②柱書）。

(3) 独立企業間価格の推定課税及び更正・決定

多くの国では、独立企業間価格が正当であることを分析した文書を作成・保存する、いわゆる移転価格文書化を義務づけているが、わが国では、それに関する帳簿等の作成・保存義務の規定は明文化されていない。しかし平成22年度税制改正において、これらの調査において提示が求められる書類について財務省令に明記された（措則22の10①）。

わが国の移転価格税制では、課税当局は、調査に際し、独立企業間価格を算定するために必要な書類等を求めたにもかかわらず、法人がそれを遅滞なく提示し、又は提示しなかったときは、独立企業間価格を推定し、更正又は決定することができるとされている（措法66の4⑥）。なお、その推定課税の方法として認められているのは、当該法人の国外関連取引に係る事業と同種の事業を営む法人で事業規模その他の事業の内容が類似するものの売上総利益率又はこれに準ずる割合を基礎とする方法、及び前述の独立企業間価格の算定方法と同じ方法である（措法66の4⑥、措令39の12⑪⑫）としている。

2｜過少資本税制

わが国の法人税の課税所得計算上、配当金の支払いは損金の額に算入されず、借入金の支払利息は損金として控除されるという制度となっている。この効果を利用して外資系企業が親会社からの出資を少なくし、借入金を多くすることにより、わが国での税負担の軽減を図ることが可能となり、課税上大きな差が生じている。このことからわが国での所得の一部が海外に移転するのと同じ効果が生じていることになる。

したがってわが国では過少資本で、親会社からの借入金を多くする資金調

達は、一種の租税回避行為にあたるとする平成3年12月19日の税制調査会の「平成4年度の税制改正に係る答申」により、平成4年度の税制改正で「国外支配株主等に係る負債の利子の課税の特例」（措法66の5）として、過少資本税制が導入された。

（1）適用対象法人

過少資本税制の適用対象法人は、前述からわが国法人税の納税義務を有する法人で、国外支配株主等又は資金供与者等に対して負債の利子等を支払う法人で、外資系内国法人の他外国法人の日本支店も対象とされる（措法66の5①⑩）。

ここでいう国外支配株主等とは、非居住者又は外国法人で、内国法人との間に、当該非居住者又は外国法人が当該内国法人の発行済株式又は出資（内国法人が有する自己株式又は出資は除く）の総数又は総額の50％以上の数又は金額の株式又は出資を直接又は間接に保有する関係にある者とされている（措法66の5⑤一、措令39の13⑫⑬）。

また資金供与者とは、国外支配株主等が、内国法人に資金を供与する者及び当該資金の供与に関係ある者で、次に掲げる者とし（措法66の5⑤二、措法39の13⑭）、これらの場合に供与を受けた資金にかかる負債およびその負債の利子等も平成18年度の税制改正で、適用対象となる負債および負債の利子等に加えられた。

① 国外支配株主等が第三者を通じて当該内国法人に対して資金を供与したと認められる場合における当該第三者
② 国外支配株主等が第三者に対して当該内国法人の債務の保証をすることにより当該第三者が当該内国法人に対して資金を供与したと認められる場合における当該第三者
③ 国外支配株主等から当該内国法人に貸し付けられた債権（当該国外支配株主等が当該内国法人の債務の保証をすることにより、第三者から当該内国法人に貸し付けられた債権を含む）が、他の第三者に担保として提供され、債券現先取引で譲渡され、又は現金担保付債券貸借取引で貸し付けられることにより、当該他の第三者が当該内国法人に対して資金を供与

したと認められ場合における当該第三者及び他の第三者

(2) 負債利子等の損金不算入

　内国法人が国外支配株主等又は資金供与者等に負債の利子等を支払う場合において、当該事業年度の国外支配株主等に対する負債に係る平均残高が、その内国法人の純資産に対する持分の額（国外支配株主等の資本持分）の3倍に相当する金額を超えるときは、当該超過分に対応する負債の利子については、当該事業年度の損金に算入しないとしている。ここでいう負債に係る平均残高とは、当該事業年度の負債に帳簿価額の平均的な残高として合理的な方法により計算した金額とされている（措令39の13③）。また具体的には、内国法人の各事業年度の負債／資本比率がいずれも3倍を超える場合で、以下の算式による。

① 国外支配株主等に係る負債・資本持分比率
　＝国外支配株主等に対する負債に係る平均負債残高／国外支配株主等の内国法人の純資産に対する持分（国外支配株主等の資本持分）
② 法人の総負債・自己資本比率
　＝法人の総利付負債に係る平均残高／法人の純資産の額（自己資本の額）

　ただし、当該内国法人等の利子負債の総額（総負債に係る平均負債残高）が、その自己資本の額の総額の3倍以内であれば、本税制の適用はない（措法66の5①）としている。

3 | タックス・ヘイブン税制

　タックス・ヘイブン（tax haven）とは、法人の所得に対して課される税が存在しない国、租税負担が著しく低い国または地域を指し、タックス・ヘイブンに名目上の子会社を設け、利益を留保し、わが国の租税負担を軽減する事例が見られることから、昭和53年度の税制改正において「内国法人の特定外国子会社等に係る所得の課税の特例（外国子会社合算税制）」が導入された。タックス・ヘイブン税制は、外国子会社の所得を内国法人の所得と合算してわが国で課税する制度である。

（1） 留保所得の合算課税

　内国法人のうち、タックス・ヘイブンに特定外国子会社等を有しているものについては、昭和53年4月1日以降に開始する事業年度において適用対象金額（留保所得）を有する場合には、その適用対象金額のうち、課税対象金額（その内国法人の有する当該特定外国子会社等の直接及び間接保有の株式等の数に対応する部分の金額）を、その内国法人の収益の額とみなして当該事業年度終了の日の翌日から二月を経過する日を含むその内国法人の事業年度の益金の額に算入するとしている（措法66の6①）。

（2） 適用対象法人・特定外国子会社等

　外国子会社合算税制の対象となる内国法人は、外国関係会社で本店又は主たる事務所の所在する国又は地域におけるその所得に対して課される税の負担が、わが国における法人の所得に対して課される税の負担に対して著しく低い特定外国子会社等の発行済株式等の保有割合が10％以上を直接及び間接に保有する内国法人、または保有割合が10％以上を直接及び間接に保有する一の同族株主グループに属する内国法人である（措法66の6①）。ここでいう外国関係会社とは、外国法人でその発行済株式の総数又は出資の総数又は総額のうちに居住者及び内国法人並びに特殊関係非居住者が有する直接及び間接保有の株式等の数の合計数又は合計額の占める割合が50％以上を超えるものをいう（措法66の6②）。また特定外国子会社等とは、外国関係会社のうち、本店又は主たる事務所の所在する国又は地域におけるその所得に対して課される税の負担が、わが国における法人の所得に対して課される税の負担に対して著しく低いものをいう（措法66の6①）。

（3） 適用除外

　タックス・ヘイブン税制は前述したが、内国法人によるタックス・ヘイブンを利用した租税回避行為への対処を目的とした制度である。しかし企業にとってのタックス・ヘイブンでの事業活動は、必ずしも税負担の軽減を目的としたものばかりではないとも言えよう。一律にタックス・ヘイブン税制が適用されると諸外国に対するわが国の投資や経済活動を阻害されてしまうこ

とを考慮し、タックス・ヘイブン税制の適用がない一定の適用除外を定めている。

特定外国子会社等が、①実体基準、②管理支配基準、③非関連者基準、④所在地国基準の4つの適用外基準のすべてを充足し、外国子会社等の設立に経済的合理性が見いだせれば適用除外とされる。この場合には確定申告書にその旨を記載した書類を添付し、かつ適用除外とされることを明らかにする書類を保存しなければならない（措法66の6③、措法66の6⑦、措令39の17の2㉓）。

適用除外基準とは以下の内容となる（措法66の6③）。

① 実体基準

本店又は主たる事務所の所在する国又は地域においてその主たる事業（事業持株会社にあっては統括業務）を行うに最小限と認められる規模の事務所、店舗、工場その他の固定的施設を有していること

② 管理支配基準

本店又は主たる事務所の所在する国又は地域において、その主たる事業の管理、支配及び運営を自ら行っていること

③ 非関連者基準

その主たる事業、卸売業、銀行業、信託業、金融商品取引業、保険業、水運業又は航空運送業を関連者以外の者との間で行っていること

④ 所在地基準

③に掲げる事業以外の事業、例えば不動産業については、主としてその国にある不動産の売買又は貸付、それらの代理又は媒体及び管理を行っている場合に、物品賃貸業については、主としてその国において使用される物品の貸付を行っていること（措令39の17⑫）

なお、特定外国子会社等が、株式等もしくは債権の保有、工業所有権その他の技術に関する権利、特別の生産方式もしくは著作権等の提供、船舶又は航空機の貸付けを主たる事業とする場合は適用除外とはならない（措法66の6③）。それは、これらの事業の性格から特定の国や地域に限定されることなく、わが国でも十分行いうるもので、タックス・ヘイブンにおいて積極的な経済合理性が見いだせないとする判断からである。

▶ 練習問題

1 移転価格税制の概要と独立企業間価格の算出方法について説明しなさい
2 過少資本税制の内容と負債利子等の損金不算入について説明しなさい
3 タックス・ヘイブン税制の概要と適用除外について説明しなさい

第9章　税務調査・不服申立て・訴訟

1 │ 税務調査

（1）税務調査の方法
　税務調査は、課税に必要な情報を収集するために、税務職員が納税義務者等に対して質問し、帳簿書類その他の物件を検査し、又は当該物件（コピーを含む）の提示若しくは提出を求めることにより行われる。

（2）税務調査の対象者
法人税についての税務調査の対象者は次のとおり（通法74の2①二）
① 　法人
② 　法人に対し、金銭の支払若しくは物品の譲渡についての権利義務がある者。

（3）税務調査の事前通知
　納税義務者に対して実地の調査を行わせる場合には、あらかじめ、当該納税義務者に対しその旨、及び①調査を開始する日時、②調査を行う場所、③調査の目的、④調査の対象税目、⑤調査の対象期間、⑥調査の対象となる帳簿書類その他の物件、⑦当該納税義務者の氏名及び住所又は居所、⑧調査担当職員の氏名及び所属官署等を通知しなければならない（通法74の9①、通令30の4）。
　事前通知の対象者は、納税義務者とされている（通法74の9①）が、税理士等の税務代理人がいる場合には、納税義務者の同意がある場合には、その

税務代理人に対して通知をすれば足り、納税義務者本人に通知する必要はない（通法74の9⑤）。

なお、税務調査を行う中で、上記の③から⑥までの通知事項以外の事項について非違が疑われることとなった場合には、その事項についても調査を行うことができる。この場合については、あらためて事前通知を行う必要はない（通法74の9④）。

（4）事前通知を要しない場合

調査予定者の申告若しくは過去の調査結果の内容又はその営む事業内容に関する情報等に鑑み、事前通知を行うことにより、違法又は不当な行為がなされる（例：帳簿の改ざん）など、国税に関する調査の適正な遂行に支障を及ぼすおそれがあると認める場合には、事前通知を要しない（通法74の10）。

（5）税務調査の終了の際の手続

① 更正決定等をすべきと認められない旨の通知

実地の調査を行った結果、更正決定等をすべきと認められない場合には、納税義務者で当該調査において質問検査等の相手方となった者に対し、その時点において、更正決定等をすべきと認められない旨を書面により通知する（通法74の11①）。

② 更正決定等をすべきと認める場合における調査結果の内容の説明等

実地の調査を行った結果、更正決定等をすべきであると認められる場合には、その調査結果の内容を当該納税義務者に説明する（通法74の11②）。

また、調査結果の内容を説明する際、当該職員は、当該納税義務者に対し修正申告又は期限後申告を勧奨することができる（通法74の11③）。

なお、この場合は、調査の結果に関し納税義務者が納税申告書を提出した場合には不服申立てをすることはできないが、更正の請求をすることはできる旨を説明するとともに、その旨を記載した書類を交付しなければならない（通法74の11③）。

③ 納税義務者の同意がある場合の税務代理人への通知等

前述の「① 更正決定等をすべきと認められない旨の通知」及び「②更正決定等をすべきと認める場合における調査結果の内容の説明等」について、税理士等の税務代理人がいる場合には、当該納税義務者の同意がある場合は、当該納税義務者への通知に代えて、税務代理人に通知等を行うことができる（通法74の11⑤）。

④ 再度の税務調査

前述①の「更正決定等をすべきと認められない旨の通知」をした後又は②で「調査の結果に関し納税義務者が納税申告書を提出等」をした後においても、税務職員は、新たに得られた情報に照らし非違があると認められる場合には、当該通知を受け、又は納税申告書の提出等をした納税義務者に対し、再度の税務調査を行うことができる（通法74の11⑥）。

2 | 不服申立て及び訴訟

国税に関する処分（課税処分、滞納処分）等に、不服がある場合に、その処分の取消しや変更を求める制度として、不服申立て及び訴訟がある。

不服申立ては（司法ではなく）行政部内での権利救済制度であり、国税に関する処分については、国税不服審判所に対する審査請求と、税務署長等（原処分庁）に対する再調査の請求とがある。

これに対して、訴訟は（行政ではなく）裁判所に提起するものである。

なお、国税に関する処分の場合は、原則として、国税不服審判所に対する審査請求（次の(1)①）を行って裁決を得た後でなければ、訴訟を提起することができない。

(1) 不服申立てについて

不服申立制度は、簡易迅速な手続による納税者の権利、利益の救済手段であり、これには国税不服審判所に対する審査請求と、原処分庁（多くの場合は税務署長）に対する再調査の請求とがある。

① 審査請求

原処分（課税処分、滞納処分等）に不服がある場合に、その処分の取消しや変更を求めて国税不服審判所長に対して行う不服申立てである。請求期間は原処分庁（税務署長等）の処分があったことを知った日の翌日から3か月以内である（通法77①）。ただし、審査請求を行う前に、次の②で説明する、再調査の請求を行った場合は、請求期間は、再調査決定を受けた日の翌日から1か月以内である（通法77②）。

なお、審査請求書が提出されると、国税不服審判所長は、原処分が適正であったかどうかを判断するために調査・審理を行い、その結果（裁決）を審査請求人と原処分庁の双方に通知する（通法98③）。

ここで、前述のように、国税に関する処分については、原則として、国税不服審判所に対する審査請求を行って裁決を得た後でなければ、訴訟を提起することができない（通法115①）。その理由は、租税事件は複雑かつ専門的なものが多く、また、国税に関する処分は大量かつ回帰的であるため、行政庁の知識と経験に基づき判断を下すことにより、一定程度解決が図られ、また、訴訟に移行する場合でも事実関係の明確化に資すること、更には、税務行政の統一的運用にも資することである。

なお、裁決で請求人（納税者）の主張が認められた部分については、原処分庁は争うことができない（この点は訴訟の場合とは異なる。）。これは、審査請求に対する裁決は、行政部内での最終判断であるということによる。

② 再調査の請求

原処分（課税処分、滞納処分等）に不服がある場合に、その処分の取消しや変更を求めて（国税不服審判所長に対してではなく）原処分庁に対して行う不服申立てである。請求期間は原処分庁（税務署長等）の処分があったことを知った日の翌日から3か月以内である（通法77①）。

原処分庁（税務署長等）は、その処分が正しかったかどうか改めて見直しを行い、その結果（再調査決定）を、再調査の請求人に通知する。

なお、再調査の請求を行うか、または、再調査の請求は行わずに直接上記①の審査請求を行うかは、請求者が任意に選択できる（通法75①一）。

(2) 訴訟

租税訴訟には8つの類型があるが、ここでは、租税訴訟の大部分を占める取消訴訟（租税行政処分が違法であることを理由として、その取消を求める訴訟）について解説する。

① 訴訟の提起

国税不服審判所長の裁決がされた後、なお不服がある場合は、裁決があったことを知った日の翌日から6か月以内に裁判所に訴訟を提起することができる（行訴法14①）。

なお、審査請求をした日の翌日から3か月を経過しても裁決がない場合は、裁決を経ないで裁判所に訴訟を提起することができる（通法115①一）。

前述（上記（1）①）のように、国税に関する処分については、原則として、国税不服審判所に対する審査請求を行って裁決を得た後でなければ、訴訟を提起することができない

② 訴訟の手続き

裁判においては、原則として口頭弁論における各種の尋問、その他の証拠調べなどの慎重な手続が行われた後、一定の方式を備えた判決原本を作成し、これに基づいて判決が言い渡される。判決に対しては、審級に従い、控訴、上告することによって更に争うことができる。（審査請求の裁決とは異なり、国（原処分庁）側も、控訴、上告することができる。）

第10章　地方税（法人事業税・法人住民税）

　企業をとりまく税金には、国税である法人税以外にもさまざまなものがある。

　ここでは、地方税である法人事業税と法人住民税について概略を解説する。

1 ｜ 法人事業税

　法人事業税は、企業の国内における事業活動に対して、都道府県が課している税である。その基礎にあるのは、事業は、地方公共団体の各種の行政サービスを享受し、あるいは、各種行政サービスの原因を作出しているから、次の2で説明する住民税とは別に、各種行政サービスの受益に応じた負担をすべきとする考えである。

（1）納税義務者

　国内で事業を行う法人は、内国法人・外国法人の区別なく、すべて法人事業税の納税義務者となる。ただし、外国法人で単に国内に資産を有するのみで事業を行わないものは納税義務を負わない。

（2）課税標準

①　資本金1億円以下の法人（③の法人を除く）

　資本金1億円以下の法人（③の法人を除く）については所得金額が課税標準である。

　事業税の課税標準となる所得金額は、基本的には法人税における所得金額

と同様である。しかし、法人事業税は法人の国内における事業活動を対象としているため、在外支店など、海外事業活動によって得られた所得（国外所得）については課税所得の計算上控除する。

税率（標準税率）は次のとおりである。

年400万円以下の所得金額	3.4%
年400万円超800万円以下の所得金額	5.1%
年800万円超の所得金額	6.7%

ただし、資本金1,000万円以上で3つ以上の都道府県に事務所または事業所を有する法人は、所得金額にかかわらず6.7％の標準税率が適用される。また、条例によって超過税率を適用することが認められているが、これには限度があり標準税率の1.2倍までとされている。

また、複数の都道府県に事務所（または事業所）を有する法人は、課税標準を都道府県に事務所等の期末従業員数等の分割基準によって按分（分割）し、これにそれぞれの都道府県の税率を乗じた税額を算出して納付する。

② 資本金1億円超の法人（③の法人を除く）

資本金1億円超の法人（③の法人を除く）の課税標準については、①の法人のように所得金額だけではなく、付加価値額（各事業年度の報酬給与額・純支払利子及び純支払賃借料・各事業年度の単年度損益の合計額）及び各事業年度の資本金等の額、を加味して計算される。

所得金額以外に付加価値額等を加味して計算する理由は、前述の様に、事業税は、各種行政サービスの受益に応じた負担をすべきという考えに基づき負担を求めているのであるが、所得のみを課税標準としたのでは、例えば赤字法人はどのような規模で事業を行っていても事業税の負担がないことになるなど、実態にそぐわないものとなるため、いくらかでも実態に応じた負担を求めようとしたからである。

本来ならば、この考えは上記①の法人についても適用されるべきものであろうが、申告書作成の事務負担等を考慮して、資本金1億円超の法人に限定して適用されている。

③ 電気供給業、ガス供給業、生命保険事業および損害保険事業を営む法人

これらの法人については、各事業年度の収入金額が課税標準である。このように、これらの法人に所得金額ではなく収入金額を課税標準としたのは、公益事業ゆえ料金が低くおさえられている（電気供給業、ガス供給業）などの事情があるため、所得を課税標準としたのでは、事業規模に比較して法人事業税の負担が少なくなりすぎる等の理由からである。

標準税率は0.9%である。

(3) 申告・納付

① 確定申告・納付

原則として決算期後2ヵ月以内に、事務所（事業所）を有する都道府県に対して課税標準と税額を申告・納付しなければならない。

ただし、申告期限については法人税と同様に1ヵ月間の延長が認められている。

⑧ 中間申告・納付

事業年度が6ヵ月を超える法人は、事業年度を開始した月から6ヵ月を経過した日より2ヵ月以内に、原則として、中間申告・納付を行う必要がある。

中間申告による納付税額は、前年度の2分の1相当額か、仮決算に基づく金額による税額である。

2 | 法人住民税

地方税法では、道府県民税および市町村民税の双方について同様の課税方法により法人の納税義務を定めており、この2つを総称して「（法人）住民税」と呼んでいる。（なお、東京都は両者を合算した「（法人）都民税」の名目で課税を行っているが、以下では「（法人）都民税」の説明は原則として省き、道府県民税および市町村民税を中心に説明する。）

(1) 納税義務者

住民税の納税義務者は、
① 都道府県（市町村）内に事務所または事業所を有する法人、
② 都道府県（市町村）内に事務所または事業所は有しないが、その都道府県（市町村）内に寮等を有するもの、
③ 代表者または管理人の定めのある法人でない社団・財団等で都道府県（市町村）内に寮等を有するもの、である。

①の法人に対しては均等割と法人税割が課税され、②の法人および③の社団等については均等割のみが課税される。

(2) 均等割

① 道府県民税の均等割

　法人の資本等の金額（資本金額または出資金額と資本積立金の合計額）に応じて2万円から80万円の5段階となっている。

② 市町村民税の均等割

　法人の資本等の金額（資本金額または出資金額と資本積立金の合計額）および事業所等の在籍人員数に応じて年額5万円から300万円の9段階となっている。

ただし、市町村民税の均等割については各市町村の裁量により超過率課税が認められており、標準税率の1.2倍が制限税率となっている。

〈均等割の金額（標準税率）〉

区分 資本金等の額	項目 期末従業員数	市町村民税 標準税率	道府県民税 標準税率
50億円超	50人超	3,000千円	800千円
	50人以下	410千円	
10億円超～50億円以下	50人超	1,750千円	540千円
	50人以下	410千円	
1億円超～10億円以下	50人超	400千円	130千円
	50人以下	160千円	
1千万円超～1億円以下	50人超	150千円	50千円
	50人以下	130千円	
1千万円以下	50人超	120千円	20千円
	50人以下	50千円	
上記以外の法人		50千円	20千円

（3）法人税割

法人税割は、法人税額に一定率を乗じて計算され、法人税額は、源泉所得税額、外国税額の控除前のもので、かつ、各種の投資税額控除等を控除した後の金額である。

〈法人税割の税率〉

（平成29年3月までに開始する事業年度）

	標準税率	制限税率
道府県民税	3.2％	4.2％
市町村民税	9.7％	12.1％

（平成29年4月以降に開始する事業年度）

	標準税率	制限税率
道府県民税	1.0％	2.0％
市町村民税	6.0％	8.4％

（4）課税標準の分割

複数の都道府県または市町村に事務所または事業所を有する法人は、課税標準を期末人員によって各都道府県または市町村に按分（分割）し、これにそれぞれの税率を乗じて法人税割を算出する。

（5）企業版ふるさと納税制度の創設

平成28年度税制改正により、「企業版ふるさと納税」が創設され、青色申告法人が、平成32年3月31日までの間に、地方公共団体の行う一定の地方創生事業に対して一定額以上の寄附金を支出した場合には、支出寄附金の合計額の一定割合（下表）が住民税および事業税額からそれぞれ控除される。

〈企業版ふるさと納税により地方税から控除される支出寄附金合計の割合〉

	道府県民税 法人税割	市町村民税 法人税割	事業税
平成29年3月までに開始する事業年度（各税額に対する限度額）	5％ (20％)	15％ (20％)	10％ (20％)
平成29年4月以後に開始する事業年度（各税額に対する限度額）	2.9％ (20％)	17.1％ (20％)	10％ (15％)

(6) 申告・納付

① 確定申告・納付

原則として決算期後2ヵ月以内に、事務所または事業所を有する地方公共団体に対して課税標準と税額を申告・納付しなければならない。

② 中間申告・納付

事業年度が6ヵ月を超える法人は、事業年度を開始した月から6ヵ月を経過した日より2ヵ月以内に、原則として、中間申告・納付を行う必要がある。

中間申告による納付税額は、前年度の2分の1相当額か、仮決算に基づく金額による税額である。

【参考文献】

金子宏『租税法（第二十一版）』弘文堂、2016 年
川田剛『国際課税の基礎知識（10 訂版）』税務経理協会、2017 年
川田剛『基礎から学ぶ法人税法（六訂版）』大蔵財務協会、2013 年
KPMG 税理士法人『国際税務　グローバル戦略と実務』東洋経済新報社、
　2013 年
小松芳明『法人税法概説』有斐閣双書、1997 年
税務大学校『法人税法（基礎編）平成 28 年度版』
武田隆二『法人税法精説』森山書店、2000 年
税理士法人トーマツ『移転価格税制と税務マネジメント』清文社、2011 年
成松洋一『法人税法　理論と計算　十二訂版』税務経理協会、2016 年
日本租税研究協会『企業組織再編成に係る税制についての講演録集』日本租税
　研究協会、2001 年
増田英敏『リーガルマインド租税法』成文堂、2010 年
柳裕治編著『（改訂版）税務会計論』創成社、2015 年
山本守之『法人税の理論と実務　平成 28 年度版』中央経済社、2016 年
吉国二郎『戦後法人税制史』税務研究会、1996 年
渡辺淑夫『法人税法（平成 28 年度版）』中央経済社、2016 年
国税庁レポート 2016

事項索引

(あ)

圧縮記帳 ……………………………… 86

(い)

委託販売 ……………………………… 22
一般に公正妥当と認められる会計
　　処理の基準 ……………………… 12
一般販売収益 ………………………… 19
移転価格税制 ………………………… 153

(う)

請負による収益 ……………………… 20
受取配当等の益金不算入 …………… 37

(え)

益金の額 ……………………………… 13

(か)

外貨建資産等の期末換算差損益の取扱
　　い ……………………………… 129
外貨建取引 …………………………… 127
外国税額控除 ………………………… 118
外国法人 ……………………………… 4
確定申告 ……………………………… 9
確定申告制度 ………………………… 9
貸倒引当金 …………………………… 93
過少資本税制 ………………………… 156
課税所得 ……………………………… 11
課税標準 ……………………………… 11
還付金等の益金不算入 ……………… 49

(き)

寄附金 ………………………………… 74
寄附金の損金算入限度額 …………… 74
期末商品棚卸高の評価方法 ………… 53

協同組合等 …………………………… 4

(く)

繰延資産 ……………………………… 64
グループ法人税制 …………………… 142

(け)

減価償却資産 ………………………… 58
減価償却の方法 ……………………… 60

(こ)

公益法人等 …………………………… 4
公共法人 ……………………………… 4
交際費課税制度 ……………………… 72
交際費等 ……………………………… 71
交際費等の損金不算入額 …………… 72
工事完成基準 ………………………… 27
工事収益 ……………………………… 26
工事進行基準 ………………………… 27
固定資産 ……………………………… 36

(さ)

債務免除益 …………………………… 48

(し)

事業年度 ……………………………… 7
資産の評価益 ………………………… 47
資産の評価損 ………………………… 83
資本的支出 …………………………… 63
資本等取引 …………………………… 17
シャウプ勧告 ………………………… 3
借用（概念） ………………………… 1
修繕費 ………………………………… 63
受贈益 ………………………………… 47
償却限度額 …………………………… 61
使用人兼務役員 ……………………… 68

試用販売 ·· 22
商品や製品等の販売による収益 ······ 19
所得税額控除 ······························· 115
人格のない社団等 ····························· 5

(せ)
税務調査 ······································ 163

(そ)
組織再編成税制 ···························· 131
租税公課 ·· 76
損金の額 ·· 15
損金の額に算入される役員給与の範囲
·· 69

(た)
タックス・ヘイブン税制 ················ 158
棚卸資産 ·· 51

(ち)
長期割賦販売 ·································· 23

(て)
デリバティブ取引 ····························· 34

(と)
同族会社 ·· 66
特殊販売収益 ·································· 22

(な)
内国法人 ·· 4

(の)
納税義務者 ······································ 4
納税地 ··· 8

(ひ)
引当金 ·· 92

(ふ)
普通法人 ·· 5

(へ)
返品調整引当金 ···························· 101

(ほ)
法人犠牲説 ······································ 3
法人事業税 ·································· 169
法人実在説 ······································ 3
法人住民税 ·································· 171
法人税 ··· 1
法人税額の計算 ···························· 107
法人税額の特別控除 ····················· 122
法人税の種類 ··································· 6

(み)
みなし事業年度 ································ 7
みなし配当 ···································· 42

(や)
役員等の給与 ·································· 66
役員の範囲 ····································· 68

(ゆ)
有価証券 ·· 31
有価証券の期末評価 ······················· 33
有価証券の取得価額 ······················· 32

(よ)
予約販売 ·· 23

(り)
リース契約 ···································· 24

(れ)
連結納税義務者 ···························· 149
連結納税制度 ······························· 148

編著者紹介

田中　敏行（たなか　としゆき）　国士舘大学経営学部教授、経営学博士
　第1章 第2章 第6章 第8章 担当

執筆者紹介

秋山　高善（あきやま　たかよし）　共栄大学国際経営学部教授、税理士
　第3章 担当

菅野　隆（すがの　たかし）　新潟大学経済学部教授
　　　　　　　　　　　　　　（国税庁長官官房付より出向）
　第4章(1～6・11) 第9章 第10章 担当

鈴木　修（すずき　おさむ）　高崎商科大学商学部・
　　　　　　　　　　　　　　大学院商学研究科特任准教授、税理士
　第5章 第7章 担当

長島　弘（ながしま　ひろし）　立正大学法学部准教授、税理士
　第4章(7～10) 担当

（五十音順）

テキスト法人税法入門　定価（本体1900円＋税）

2017年5月10日　初　版第1刷発行

編著者　田中敏行
発行者　阿部成一

〒162-0041　東京都新宿区早稲田鶴巻町514
発行所　株式会社　成文堂
電話 03(3203)9201(代)　Fax 03(3203)9206
http://www.seibundoh.co.jp

印刷・製本　シナノ印刷

© 2017　T. Tanaka　　Printed in Japan

☆落丁・乱丁本はおとりかえいたします☆　検印省略

ISBN978-4-7923-0613-7　C3032